KB198431

김재우의 기초 영어회화 100

김재우의 기초 영어회화 100

초판 1쇄 발행 2024년 12월 4일
초판 15쇄 발행 2025년 2월 14일

지은이 김재우
펴낸이 고영성

기획 및 편집 박희라 **디자인** 강지은
영문 감수 Nicholas Moore

펴낸곳 주식회사 상상스퀘어
출판등록 2021년 4월 29일 제2021-000079호
주소 경기도 성남시 분당구 성남대로43번길 10, 307호(구미동, 하나EZ타워)
팩스 02-6499-3031
이메일 publication@sangsangsquare.com
홈페이지 www.sangsangsquare.com

ISBN 979-11-988543-8-4 03740

원어민처럼 자연스러운 영어 말하기 첫걸음

김재우의 기초 영어회화 100

원어민도 놀라는 국내파 영어 실력자 김재우 선생님과

기초부터 탄탄하게, 영어 말문을 열다!

상상스퀘어

나 ______ 은(는)

김재우의

기초 영어회화 100을 통해

다음 목표를 이룰 것이다!

1
2
3

프롤로그

제가 벌써 네 번째 책을 선보이게 되었습니다. 첫 번째 책인 《넌 대체 몇 년째 영어 공부를 하고 있는 거니?》는 한국인의 영어 공부에 관한 제 생각과 경험을 담은 책입니다. 이어 《김재우의 영어회화 100》에서는 본격적인 영어회화 학습을, 《김재우의 구동사 100》에서는 중급 학습자들의 영어 말하기 실력을 한 단계 도약시키는 데 중점을 두어 진짜 원어민처럼 자연스럽게 영어로 표현하는 법을 익힐 수 있도록 하였습니다.

이번 《김재우의 기초 영어회화 100》까지 출간하게 되며, 어느덧 다작 작가로 자리잡고 있음을 실감합니다. 동시에 이번 책이 많은 독자에게 '기초'라는 딱지를 떼어내고 영어 학습에서 한 걸음 더 나아가는 계기가 되기를 진심으로 바랍니다. 그리고 그 목표를 반드시 실현하겠다는 각오를 다시 한번 다져봅니다.

'나도 영어로 말하고 싶다!'

이 책과 저의 인터넷 강의를 선택해 주신 많은 독자분의 마음속에 자리한 목표일 것입니다. 바로 그 꿈을 실현하는 데 결정적인 도움을 드리고자, 저는 다시 한번 펜을 들고 심혈을 기울여 《김재우의 기초 영어회화 100》을 집필했습니다.

본서를 집필하면서 다음 세 가지를 가장 중요한 원칙으로 삼았습니다.

1. 쉬운 단어를 사용해 자신의 의사를 분명하게 표현하기
2. 짧고 간결한 문장으로 자연스럽게 영어 문장을 말하기
3. 원어민들이 일상적으로 사용하는 범용성이 매우 높은 표현 사용하기

단순한 표현의 나열, 각 챕터 간의 연결성 부족, 진부한 예문이라는 한계를 극복하지 못하는 다른 기초 영어회화책과는 달리 《김재우의 기초 영어회화 100》은 화려하지는 않지만, 정제되고 간결한 표현으로 구성되어 있습니다. 또한 기초 학습자들이 보기에 충분히 도전할 만한 수준의 표현과 문장들을 담아 영어회화 공부를 시작하는 분들께 만족과 희망을 드리고자 했습니다. 이 책의 모든 문장을 암기하고 체화한다는 각오로 공부하신다면 영어로 말하는 것이 한결 자연스러워지는 경험을 하실 수 있을 겁니다. 더 나아가 이를 발판삼아 좀 더 세련되고 정교한 영어 표현을 구사할 수 있는 단계로 도약할 준비를 갖추게 될 겁니다.

스스로 영어 실력이 기초 단계라고 생각하는 분들뿐만 아니라, 중급의 어딘가에서 머무르고 있다고 느끼는 학습자들에게도 본서를 강력히 추천합니다. 그동안 많은 학생과 영어로 대화하면서 깨달은 점은, 기본기가

부족하다는 사실입니다. 영어로 말을 잘한다는 것은 짧은 문장을 연이어 내뱉으면서 자신의 의사를 간결하면서도 정확하게 전달하는 능력이라고 생각합니다. 이런 점에서 중급 학습자들에게도 이 책에 나오는 예문을 전부 암기해서, 툭 치면 바로 나올 수 있도록 연습할 것을 권장합니다. 《김재우의 기초 영어회화 100》은 기초 학습자들에게 필독서가 될 것이고, 중급 학습자들에게는 영어 말하기 실력을 기본부터 탄탄하게 다듬어 줄 책이 될 것임을 확신합니다.

"대한민국 성인의 영어 말하기와 듣기 실력은 '김재우의 영어책' 전과 후로 나뉠 것이다!"

이 말이 이제는 공허한 외침이 아니라, 현실로 다가오고 있음을 느낍니다. 《김재우의 영어회화 100》과 《김재우의 구동사 100》에 보내주신 성원과 관심에 다시 한번 고개 숙여 진심으로 감사의 인사를 전합니다.

상상스퀘어 고영성 대표님께 진심 어린 감사의 말씀을 전합니다. 아직 덜 다듬어진 돌이 좀 더 정교해질 수 있도록 물심양면으로 도와주시는 신영준 박사님께도 깊이 감사드립니다. 최고의 책과 인터넷 강의가 완성될 수 있도록 최선을 다해 주시는 상상스퀘어 직원분들께도 진심으로 고마움을 전합니다. 《김재우의 영어회화 100》과 《김재우의 구동사 100》에 이어 《김재우의 기초영어회화 100》의 최종 감수를 맡아준 Nicholas Moore 선생님께도 감사의 말씀을 드립니다. 끝으로 저와 상상스퀘어를 믿고 열심히 영어 공부를 이어가는 독자분들과 학습자분들에게는 이 말씀을 꼭 드리고 싶습니다.

"당신의 영어 말하기와 듣기가 '정말 인상적이다(impressive)'라고 들을 날이 머지않았습니다."

저와 상상스퀘어 그리고 독자 여러분이 하나 되어 '영어에 능숙한 사람'으로 성장하는 길을 함께 걸어갑시다. 함께라면 도전은 즐거움으로, 배움은 성취로 이어질 것입니다. 함께 걸어갈 이 길이 여러분의 삶에 진정한 변화를 가져다줄 것을 믿습니다. 끝까지 응원하겠습니다!

김재우

이 책의 구성과 특징

DAY 1 동사 mean을 이용해 오해를 바로잡고 사과하기

I didn't mean it.

그런 의도로 한 말은 아니었어요.

김재우의 영어관찰일기

내가 한 말이나 행동에 대해 오해를 하고 있는 상대에게 '그런 의도가 아니었어.', '그런 뜻으로 한 말과 행동이 아니었어.', '나쁜 의도로 한 말은 아니었어.' 같은 말을 할 때는 I didn't mean ~을 써서 I didn't mean it., I didn't mean it like that., I didn't mean it that way., I didn't mean it in a bad way., I didn't mean + to부정사로 표현합니다. 이때의 mean은 '의도하다'라는 뜻입니다.

MODEL EXAMPLES

1 I didn't mean to hurt your feelings.
네 기분을 상하게 할 생각은 없었어.

2 I didn't mean to embarrass you.
너를 당황하게 만들 생각은 없었어.

3 Please don't get upset with me. I didn't mean it that way.
제발 나한테 화내지 마. 화나게 할 생각은 없었어.

4 I didn't mean that in a bad way. They're just so unique.
(상대방의 신발에 대해 말한 후) 나쁜 의미로 한 말은 아닙니다. 그냥 색다르다는 말입니다.

32 김재우의 기초 영어회화 100

DAY별 대표 표현

오늘 학습할 대표 표현을 확인할 수 있습니다.

김재우의 영어관찰일기

김재우 선생님이 짚어 주는 핵심 포인트를 통해 오늘 학습할 표현의 용례를 알 수 있습니다.

MODEL EXAMPLES

오늘의 학습 표현을 다양한 형태의 예문을 통해 연습할 수 있으며, 우리말과 영어의 어감 차이를 알 수 있습니다.

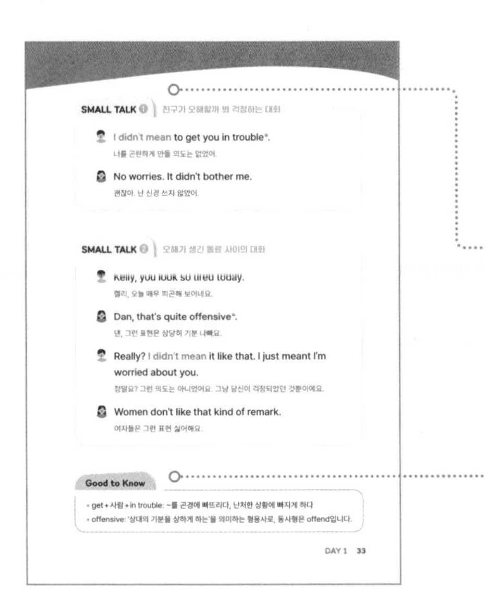

SMALL TALK ① 친구가 오해할까 봐 걱정하는 대화

I didn't mean to get you in trouble*.
너를 곤란하게 만들 의도는 없었어.

No worries. It didn't bother me.
괜찮아. 난 신경 쓰지 않았어.

SMALL TALK ② 오해가 생긴 동료 사이의 대화

Kelly, you look so tired today.
켈리, 오늘 매우 피곤해 보이네요.

Dan, that's quite offensive*.
댄, 그런 표현은 상당히 기분 나빠요.

Really? I didn't mean it like that. I just meant I'm worried about you.
정말요? 그런 의도는 아니었어요. 그냥 당신이 걱정되었던 것뿐이에요.

Women don't like that kind of remark.
여자들은 그런 표현 싫어해요.

Good to Know

- get + 사람 + in trouble: ~를 곤경에 빠뜨리다, 난처한 상황에 빠지게 하다
- offensive: '상대의 기분을 상하게 하는'을 의미하는 형용사로, 동사형은 offend입니다.

DAY 1 33

SMALL TALK

일상생활에서 바로 활용 가능한 생생한 대화문을 통해 원어민스러운 영어를 자연스럽게 구사할 수 있습니다.

Good to Know

본문에 나온 어휘와 관용 표현, 구동사 등을 추가로 학습할 수 있습니다.

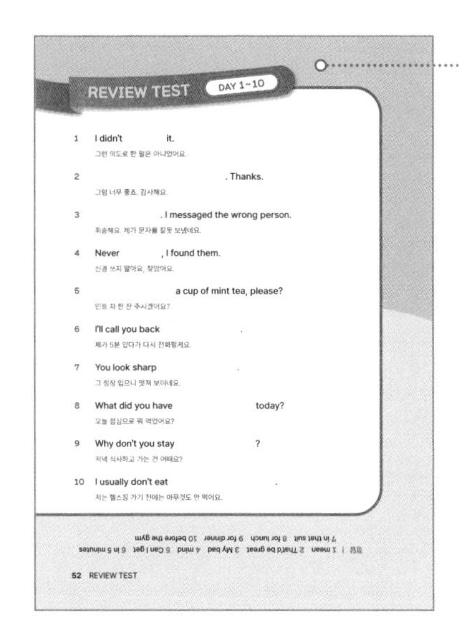

REVIEW TEST DAY 1~10

1 I didn't ______ it.
그런 의도로 한 말은 아니었어요.

2 ______. Thanks.
그럼 너무 좋죠. 감사해요.

3 ______. I messaged the wrong person.
죄송해요. 제가 문자를 잘못 보냈네요.

4 Never ______, I found them.
신경 쓰지 말아요. 찾았어요.

5 ______ a cup of mint tea, please?
민트 차 한 잔 주시겠어요?

6 I'll call you back ______.
제가 5분 있다가 다시 전화할게요.

7 You look sharp ______.
그 정장 입으니 멋져 보이네요.

8 What did you have ______ today?
오늘 점심으로 뭐 먹었어요?

9 Why don't you stay ______?
저녁 식사하고 가는 건 어때요?

10 I usually don't eat ______.
저는 헬스장 가기 전에는 아무것도 안 먹어요.

정답 | 1 mean 2 That'd be great 3 My bad 4 mind 5 Can I get 6 in 5 minutes 7 in that suit 8 for lunch 9 for dinner 10 before the gym

52 REVIEW TEST

REVIEW TEST

학습한 대표 표현을 문제를 풀며 한 번 더 확인하고 확실하게 익힐 수 있습니다.

음원 서비스

본문의 모든 예문을 녹음한 음원을 제공합니다. 무한 반복하여 들으며 문장과 대화문을 연습할 수 있습니다.

음원 종류

1 **영어** 원어민의 음성으로 영어 문장과 대화문을 들을 수 있습니다.
2 **한국어 - 영어** 한국어 해석을 먼저 듣고, 영어 표현을 1회 들을 수 있습니다.
3 **한국어 - 영어 5회 반복** 한국어 해석을 먼저 듣고, 영어 표현을 5회 반복해서 들을 수 있습니다.

유튜브
〈영어독립〉 채널에서 들으실 수 있습니다.

MP3 파일
QR코드 또는 상상스퀘어 출판사 홈페이지에서 다운받으실 수 있습니다.
www.sangsangsquare-books.com

section별 학습법

김재우의 영어관찰일기

'김재우의 영어관찰일기'에는 김재우 선생님의 오랜 영어 교육 경험에서 얻은 통찰이 담겨 있습니다. 해당 DAY에서 학습할 표현과 문형 등을 간략히 살펴보고, 해당 내용을 논리적으로 이해하고 숙지하는 시간을 갖습니다. 학습 내용을 더욱 깊이 있게 이해하고자 한다면 인터넷 강의를 통해 추가 설명을 접한 후 MODEL EXAMPLES로 넘어가길 권장드립니다. 이렇게 하면 학습 내용이 보다 밀도 있게 다가올 것입니다.

MODEL EXAMPLES

해당 DAY의 주제 내용에 대한 단문 영작 연습을 통해 실전 감각을 끌어 올리는 시간을 갖습니다. 먼저 한글을 보고 직접 영작해 본 후, 모범 답안과 비교해 보실 것을 권장합니다. 이 책의 모든 예문과 마찬가지로 MODEL EXAMPLES에 있는 모든 영어 문장을 툭 치면 입에서 바로 나올 때까지 완벽하게 암기하시길 당부드립니다. 인터넷 강의를 수강하시는 분들은 해당 문장의 문법과 어법 설명을 숙지하시는 것은 물론이고, 추가 예문까지 전부 암기해 주셔야 합니다.

SMALL TALK

각 DAY에는 두 종류의 대화문이 준비되어 있습니다. SMALL TALK ①은 간단한 대화문이고, SMALL TALK ②는 SMALL TALK ①보다 긴 대화문으로 구성되어 있습니다. MODEL EXAMPLES와 마찬가지로 가능하다면 한글을 보고 직접 영작한 후에 모범 답안과 비교하는 방식의 학습을 추천합니다. 본서의 모든 SMALL TALK 대화문을 완전히 소화한다는 마음가짐으로 암기해 주시길 당부드립니다. 인터넷 강의로 학습하는 분들은 대화문 곳곳에서 곁들여지는 어휘와 표현, 어법 그리고 추가로 소개하는 예문들을 모두 잘 정리하여 틈나는 대로 반복하고 암기하도록 합니다.

Good to Know

해당 DAY의 단문과 대화문에서 발췌한 어휘와 핵심 표현 등이 간단하게 정리되어 있습니다. 책에 있는 설명 외에도 학습자 스스로가 사전 등을 활용해 해당 어휘와 표현을 심화 학습하시길 추천합니다. 인터넷 강의를 수강하시는 분들은 강의를 통해 책 내용의 거의 4배 이상에 달하는 어휘와 문법 등 확장된 응용 연습을 통해 충분히 심화 학습을 하실 수 있습니다.

김재우의 기초 영어회화 100 인터넷 강의

인터넷 강의에서는 김재우 선생님이 책에 있는 내용을 자세히 설명해 줄 뿐만 아니라 추가 설명과 더 많은 예문을 통해 100일이라는 기간 동안 학습 효과를 극대화할 수 있도록 해 줍니다.

인터넷 강의는 어떤 분이 들으면 좋을까요?

1. 집에 영어책이 수북이 쌓여 있지만 '제대로, 끝까지' 본 책이 거의 없는 분
2. 책에 있는 설명만으로는 부족함을 느끼고, 더 밀도 있는 설명이 필요하다고 생각하는 분
3. 혼자서는 효과적인 학습이 힘들어 외부의 자극과 동기 부여가 절실한 분

인터넷 강의는 어떤 점이 다르며, 어떤 내용으로 꾸며지나요?

1. 김재우 선생님이 DAY 1부터 DAY 100까지 책에 나온 모든 표현과 대화문에 대해 상세히 설명해 주십니다.
2. 책에 전부 담을 수 없었던 생생한 상황 묘사를 통해 살아있는 영어 표현을 익힐 수 있습니다.
3. 기초 학습자들을 위한 학습 포인트들을 짚어 줍니다.
4. 중급 학습자들은 실력이 한 단계 더 올라가는 재미를 느끼게 해 줍니다.
5. 궁금한 질문에 대한 답변 등은 물론이고 동기 부여를 할 수 있는 '단톡방'을 통해 DAY 1에서 DAY 100까지 완주할 수 있도록 도와줍니다.

이런 분들은 '인터넷 강의'를 통해 훨씬 더 빠르게 실력이 늘 수 있습니다.

1 영어를 공부해야 하는 뚜렷한 동기가 있으신 분

2 미래에 영어가 도움이 될 거라는 기대가 있으신 분

3 김재우 선생님의 학습법을 의심하지 않고 충실하게 잘 따라오실 분

4 조급해하지 않고, 실력이 정체된다고 느끼는 시간을 버틸 끈기가 있으신 분

5 영어 공부에 충분한 시간을 투입하고 꾸준하게 공부할 의지가 있으신 분

《김재우의 기초 영어회화 100》 인터넷 강의를 들을 수 있는 〈스터디언 클래스〉

목 차

학습 플래너

※ 학습 완료 후 ✓ 체크 표시를 하세요.

DAY 1	DAY 2	DAY 3	DAY 4	DAY 5
○ 김재우의 영어관찰일기	○ 김재우의 영어관찰일기	○ 김재우의 영어관찰일기	○ 김재우의 영어관찰일기	○ 김재우의 영어관찰일기
○ MODEL EXAMPLES	○ MODEL EXAMPLES	○ MODEL EXAMPLES	○ MODEL EXAMPLES	○ MODEL EXAMPLES
○ SMALL TALK	○ SMALL TALK	○ SMALL TALK	○ SMALL TALK	○ SMALL TALK
월 일	월 일	월 일	월 일	월 일

DAY 6	DAY 7	DAY 8	DAY 9	DAY 10
○ 김재우의 영어관찰일기	○ 김재우의 영어관찰일기	○ 김재우의 영어관찰일기	○ 김재우의 영어관찰일기	○ 김재우의 영어관찰일기
○ MODEL EXAMPLES	○ MODEL EXAMPLES	○ MODEL EXAMPLES	○ MODEL EXAMPLES	○ MODEL EXAMPLES
○ SMALL TALK	○ SMALL TALK	○ SMALL TALK	○ SMALL TALK	○ SMALL TALK
월 일	월 일	월 일	월 일	월 일

DAY 11	DAY 12	DAY 13	DAY 14	DAY 15
○ 김재우의 영어관찰일기	○ 김재우의 영어관찰일기	○ 김재우의 영어관찰일기	○ 김재우의 영어관찰일기	○ 김재우의 영어관찰일기
○ MODEL EXAMPLES	○ MODEL EXAMPLES	○ MODEL EXAMPLES	○ MODEL EXAMPLES	○ MODEL EXAMPLES
○ SMALL TALK	○ SMALL TALK	○ SMALL TALK	○ SMALL TALK	○ SMALL TALK
월 일	월 일	월 일	월 일	월 일

DAY 16	DAY 17	DAY 18	DAY 19	DAY 20
○ 김재우의 영어관찰일기	○ 김재우의 영어관찰일기	○ 김재우의 영어관찰일기	○ 김재우의 영어관찰일기	○ 김재우의 영어관찰일기
○ MODEL EXAMPLES	○ MODEL EXAMPLES	○ MODEL EXAMPLES	○ MODEL EXAMPLES	○ MODEL EXAMPLES
○ SMALL TALK	○ SMALL TALK	○ SMALL TALK	○ SMALL TALK	○ SMALL TALK
월 일	월 일	월 일	월 일	월 일

DAY 21	DAY 22	DAY 23	DAY 24	DAY 25
○ 김재우의 영어관찰일기	○ 김재우의 영어관찰일기	○ 김재우의 영어관찰일기	○ 김재우의 영어관찰일기	○ 김재우의 영어관찰일기
○ MODEL EXAMPLES	○ MODEL EXAMPLES	○ MODEL EXAMPLES	○ MODEL EXAMPLES	○ MODEL EXAMPLES
○ SMALL TALK	○ SMALL TALK	○ SMALL TALK	○ SMALL TALK	○ SMALL TALK
월 일	월 일	월 일	월 일	월 일

DAY 26	DAY 27	DAY 28	DAY 29	DAY 30
○ 김재우의 영어관찰일기	○ 김재우의 영어관찰일기	○ 김재우의 영어관찰일기	○ 김재우의 영어관찰일기	○ 김재우의 영어관찰일기
○ MODEL EXAMPLES	○ MODEL EXAMPLES	○ MODEL EXAMPLES	○ MODEL EXAMPLES	○ MODEL EXAMPLES
○ SMALL TALK	○ SMALL TALK	○ SMALL TALK	○ SMALL TALK	○ SMALL TALK
월 일	월 일	월 일	월 일	월 일

DAY 31	DAY 32	DAY 33	DAY 34	DAY 35
○ 김재우의 영어관찰일기	○ 김재우의 영어관찰일기	○ 김재우의 영어관찰일기	○ 김재우의 영어관찰일기	○ 김재우의 영어관찰일기
○ MODEL EXAMPLES	○ MODEL EXAMPLES	○ MODEL EXAMPLES	○ MODEL EXAMPLES	○ MODEL EXAMPLES
○ SMALL TALK	○ SMALL TALK	○ SMALL TALK	○ SMALL TALK	○ SMALL TALK
월 일	월 일	월 일	월 일	월 일

DAY 36	DAY 37	DAY 38	DAY 39	DAY 40
○ 김재우의 영어관찰일기	○ 김재우의 영어관찰일기	○ 김재우의 영어관찰일기	○ 김재우의 영어관찰일기	○ 김재우의 영어관찰일기
○ MODEL EXAMPLES	○ MODEL EXAMPLES	○ MODEL EXAMPLES	○ MODEL EXAMPLES	○ MODEL EXAMPLES
○ SMALL TALK	○ SMALL TALK	○ SMALL TALK	○ SMALL TALK	○ SMALL TALK
월 일	월 일	월 일	월 일	월 일

DAY 41	DAY 42	DAY 43	DAY 44	DAY 45
○ 김재우의 영어관찰일기	○ 김재우의 영어관찰일기	○ 김재우의 영어관찰일기	○ 김재우의 영어관찰일기	○ 김재우의 영어관찰일기
○ MODEL EXAMPLES	○ MODEL EXAMPLES	○ MODEL EXAMPLES	○ MODEL EXAMPLES	○ MODEL EXAMPLES
○ SMALL TALK	○ SMALL TALK	○ SMALL TALK	○ SMALL TALK	○ SMALL TALK
월 일	월 일	월 일	월 일	월 일

DAY 46	DAY 47	DAY 48	DAY 49	DAY 50
○ 김재우의 영어관찰일기	○ 김재우의 영어관찰일기	○ 김재우의 영어관찰일기	○ 김재우의 영어관찰일기	○ 김재우의 영어관찰일기
○ MODEL EXAMPLES	○ MODEL EXAMPLES	○ MODEL EXAMPLES	○ MODEL EXAMPLES	○ MODEL EXAMPLES
○ SMALL TALK	○ SMALL TALK	○ SMALL TALK	○ SMALL TALK	○ SMALL TALK
월 일	월 일	월 일	월 일	월 일

DAY 51	DAY 52	DAY 53	DAY 54	DAY 55
○ 김재우의 영어관찰일기	○ 김재우의 영어관찰일기	○ 김재우의 영어관찰일기	○ 김재우의 영어관찰일기	○ 김재우의 영어관찰일기
○ MODEL EXAMPLES	○ MODEL EXAMPLES	○ MODEL EXAMPLES	○ MODEL EXAMPLES	○ MODEL EXAMPLES
○ SMALL TALK	○ SMALL TALK	○ SMALL TALK	○ SMALL TALK	○ SMALL TALK
월 일	월 일	월 일	월 일	월 일

DAY 56	DAY 57	DAY 58	DAY 59	DAY 60
○ 김재우의 영어관찰일기	○ 김재우의 영어관찰일기	○ 김재우의 영어관찰일기	○ 김재우의 영어관찰일기	○ 김재우의 영어관찰일기
○ MODEL EXAMPLES	○ MODEL EXAMPLES	○ MODEL EXAMPLES	○ MODEL EXAMPLES	○ MODEL EXAMPLES
○ SMALL TALK	○ SMALL TALK	○ SMALL TALK	○ SMALL TALK	○ SMALL TALK
월 일	월 일	월 일	월 일	월 일

DAY 61	DAY 62	DAY 63	DAY 64	DAY 65
○ 김재우의 영어관찰일기	○ 김재우의 영어관찰일기	○ 김재우의 영어관찰일기	○ 김재우의 영어관찰일기	○ 김재우의 영어관찰일기
○ MODEL EXAMPLES	○ MODEL EXAMPLES	○ MODEL EXAMPLES	○ MODEL EXAMPLES	○ MODEL EXAMPLES
○ SMALL TALK	○ SMALL TALK	○ SMALL TALK	○ SMALL TALK	○ SMALL TALK
월 일	월 일	월 일	월 일	월 일

DAY 66	DAY 67	DAY 68	DAY 69	DAY 70
○ 김재우의 영어관찰일기	○ 김재우의 영어관찰일기	○ 김재우의 영어관찰일기	○ 김재우의 영어관찰일기	○ 김재우의 영어관찰일기
○ MODEL EXAMPLES	○ MODEL EXAMPLES	○ MODEL EXAMPLES	○ MODEL EXAMPLES	○ MODEL EXAMPLES
○ SMALL TALK	○ SMALL TALK	○ SMALL TALK	○ SMALL TALK	○ SMALL TALK
월 일	월 일	월 일	월 일	월 일

DAY 71	DAY 72	DAY 73	DAY 74	DAY 75
○ 김재우의 영어관찰일기	○ 김재우의 영어관찰일기	○ 김재우의 영어관찰일기	○ 김재우의 영어관찰일기	○ 김재우의 영어관찰일기
○ MODEL EXAMPLES	○ MODEL EXAMPLES	○ MODEL EXAMPLES	○ MODEL EXAMPLES	○ MODEL EXAMPLES
○ SMALL TALK	○ SMALL TALK	○ SMALL TALK	○ SMALL TALK	○ SMALL TALK
월 일	월 일	월 일	월 일	월 일

DAY 76	DAY 77	DAY 78	DAY 79	DAY 80
○ 김재우의 영어관찰일기	○ 김재우의 영어관찰일기	○ 김재우의 영어관찰일기	○ 김재우의 영어관찰일기	○ 김재우의 영어관찰일기
○ MODEL EXAMPLES	○ MODEL EXAMPLES	○ MODEL EXAMPLES	○ MODEL EXAMPLES	○ MODEL EXAMPLES
○ SMALL TALK	○ SMALL TALK	○ SMALL TALK	○ SMALL TALK	○ SMALL TALK
월 일	월 일	월 일	월 일	월 일

DAY 81	DAY 82	DAY 83	DAY 84	DAY 85
○ 김재우의 영어관찰일기	○ 김재우의 영어관찰일기	○ 김재우의 영어관찰일기	○ 김재우의 영어관찰일기	○ 김재우의 영어관찰일기
○ MODEL EXAMPLES	○ MODEL EXAMPLES	○ MODEL EXAMPLES	○ MODEL EXAMPLES	○ MODEL EXAMPLES
○ SMALL TALK	○ SMALL TALK	○ SMALL TALK	○ SMALL TALK	○ SMALL TALK
월 일	월 일	월 일	월 일	월 일

DAY 86	DAY 87	DAY 88	DAY 89	DAY 90
○ 김재우의 영어관찰일기	○ 김재우의 영어관찰일기	○ 김재우의 영어관찰일기	○ 김재우의 영어관찰일기	○ 김재우의 영어관찰일기
○ MODEL EXAMPLES	○ MODEL EXAMPLES	○ MODEL EXAMPLES	○ MODEL EXAMPLES	○ MODEL EXAMPLES
○ SMALL TALK	○ SMALL TALK	○ SMALL TALK	○ SMALL TALK	○ SMALL TALK
월 일	월 일	월 일	월 일	월 일

DAY 91	DAY 92	DAY 93	DAY 94	DAY 95
○ 김재우의 영어관찰일기	○ 김재우의 영어관찰일기	○ 김재우의 영어관찰일기	○ 김재우의 영어관찰일기	○ 김재우의 영어관찰일기
○ MODEL EXAMPLES	○ MODEL EXAMPLES	○ MODEL EXAMPLES	○ MODEL EXAMPLES	○ MODEL EXAMPLES
○ SMALL TALK	○ SMALL TALK	○ SMALL TALK	○ SMALL TALK	○ SMALL TALK
월 일	월 일	월 일	월 일	월 일

DAY 96	DAY 97	DAY 98	DAY 99	DAY 100
○ 김재우의 영어관찰일기	○ 김재우의 영어관찰일기	○ 김재우의 영어관찰일기	○ 김재우의 영어관찰일기	○ 김재우의 영어관찰일기
○ MODEL EXAMPLES	○ MODEL EXAMPLES	○ MODEL EXAMPLES	○ MODEL EXAMPLES	○ MODEL EXAMPLES
○ SMALL TALK	○ SMALL TALK	○ SMALL TALK	○ SMALL TALK	○ SMALL TALK
월 일	월 일	월 일	월 일	월 일

DAY 1~10

DAY 1 **I didn't mean it.**
그런 의도로 한 말은 아니었어요.

DAY 2 **That'd be great. Thanks.**
그럼 너무 좋죠. 감사해요.

DAY 3 **My bad. I messaged the wrong person.**
죄송해요. 제가 문자를 잘못 보냈네요.

DAY 4 **Never mind, I found them.**
신경 쓰지 말아요, 찾았어요.

DAY 5 **Can I get a cup of mint tea, please?**
민트 차 한 잔 주시겠어요?

DAY 6 **I'll call you back in 5 minutes.**
제가 5분 있다가 다시 전화할게요.

DAY 7 **You look sharp in that suit.**
그 정장 입으니 멋져 보이네요.

DAY 8 **What did you have for lunch today?**
오늘 점심으로 뭐 먹었어요?

DAY 9 **Why don't you stay for dinner?**
저녁 식사하고 가는 건 어때요?

DAY 10 **I usually don't eat before the gym.**
저는 헬스장 가기 전에는 아무것도 안 먹어요.

I didn't mean it.

그런 의도로 한 말은 아니었어요.

김재우의 영어관찰일기

내가 한 말이나 행동에 대해 오해를 하고 있는 상대에게 '그런 의도가 아니었어.', '그런 뜻으로 한 말과 행동이 아니었어.', '나쁜 의도로 한 말은 아니었어.' 같은 말을 할 때는 I didn't mean ~을 써서 I didn't mean it., I didn't mean it like that., I didn't mean it that way., I didn't mean it in a bad way., I didn't mean + to부정사로 표현합니다. 이때의 mean은 '의도하다'라는 뜻입니다.

MODEL EXAMPLES

1 I didn't mean to hurt your feelings.
네 기분을 상하게 할 생각은 없었어.

2 I didn't mean to embarrass you.
너를 당황하게 만들 생각은 없었어.

3 Please don't get upset with me. I didn't mean it that way.
제발 나한테 화내지 마. 화나게 할 생각은 없었어.

4 I didn't mean that in a bad way. They're just so unique.
(상대방의 신발에 대해 말한 후) 나쁜 의미로 한 말은 아닙니다. 그냥 색다르다는 말입니다.

SMALL TALK 1 친구가 오해할까 봐 걱정하는 대화

I didn't mean to get you in trouble*.

너를 곤란하게 만들 의도는 없었어.

No worries. It didn't bother me.

괜찮아. 난 신경 쓰지 않았어.

SMALL TALK 2 오해가 생긴 동료 사이의 대화

Kelly, you look so tired today.

켈리, 오늘 매우 피곤해 보이네요.

Dan, that's quite offensive*.

댄, 그런 표현은 상당히 기분 나빠요.

Really? I didn't mean it like that. I just meant I'm worried about you.

정말요? 그런 의도는 아니었어요. 그냥 당신이 걱정되었던 것뿐이에요.

Women don't like that kind of remark.

여자들은 그런 표현 싫어해요.

Good to Know

* get + 사람 + in trouble: ~를 곤경에 빠뜨리다, 난처한 상황에 빠지게 하다
* offensive: '상대의 기분을 상하게 하는'을 의미하는 형용사로, 동사형은 offend입니다.

That'd be great. Thanks.

그러면 너무 좋죠. 감사해요.

김재우의 영어관찰일기

상대의 제안을 흔쾌히 받아들일 때는 That'd be great. 또는 That would be great.로 표현할 수 있습니다. 이외에도 That would be so nice.나 That sounds perfect.와 같은 표현으로 상대의 제안에 적극적으로 동의하거나 맞장구칠 수 있습니다. 한 가지 팁을 드리자면 That'd be great.라고 한 뒤 Thanks.나 Thank you. 또는 I appreciate it.을 덧붙이면 더 자연스럽게 들린답니다.

MODEL EXAMPLES

1 A: I can make a reservation* for you.

내가 너 대신 예약해 줄 수 있어.

B: Wow, **that'd be great**. I appreciate it.

우와, 그래 주면 너무 좋지. 고마워.

2 A: I can deliver your dry-cleaning to your place if you want.

원하시면 드라이 맡기신 거 댁으로 배달해 드릴 수 있습니다.

B: **That'd be great.** Thank you.

그래 주시면 너무 좋죠. 감사해요.

SMALL TALK 1 친구들 사이의 단톡방 대화

I'm at Starbucks. Does anyone want anything?

나 스타벅스에 있는데 누구 뭐 좀 사다 줄까?

That'd be great. I'll take a tall latte.

그래 주면 너무 좋지. 나는 라테 톨 사이즈로 할게.

SMALL TALK 2 동호회 회원 사이의 대화

Do you need a ride home?

집까지 태워 드릴까요?

That'd be great, but I live kind of* far from here.

그럼 너무 좋죠. 근데 제가 좀 멀리 살아요.

I have time. I don't mind going for a drive.

시간 괜찮아요. 드라이브나 하죠 뭐.

OK, then. I live around Suwon Station.

그럼 좋아요. 저는 수원역 근처에 살아요.

Good to Know

* make a reservation: 예약하다
* kind of: 약간, 좀, 어느 정도

My bad. I messaged the wrong person.

죄송해요. 제가 문자를 잘못 보냈네요.

김재우의 영어관찰일기

'내 실수야.', '죄송해요.', '미안.' 등과 같이 자신의 실수나 잘못을 인정할 때 쓸 수 있는 영어 표현으로 My bad.가 있습니다. 구어체 영어에서 매우 자주 쓰이며, My bad. 또는 「My bad for + (동)명사」의 형태로 쓸 수 있습니다. 이제부터는 여러분도 My bad.를 이용해서 영어로 실수를 인정하는 연습을 해 보면 어떨까요?

MODEL EXAMPLES

1 My bad. I totally lost track of time.
(책을 읽다가 약속에 늦게 생긴 상황) 내 정신 좀 봐. 시간 가는 줄도 몰랐네.

2 My bad. I should have reminded you.
(부모님이 집에 오기로 한 걸 깜박한 상황) 내 정신 좀 봐. 당신한테 말을 했어야 했는데.

3 My bad for the late heads-up*; can you still make it?
(모임 안내를 늦게 한 상황) 늦게 알려 줘서 미안해. 그래도 올 수 있어?

4 I didn't realize the movie started at 7. My bad for being late.
(영화 시간을 착각한 상황) 영화가 7시에 시작하는 걸 몰랐네. 늦어서 미안해.

SMALL TALK ① 복식조로 테니스를 치는 상황에서의 대화

My bad, Alex. My serve is terrible today.

알렉스, 미안해. 오늘 내 서브가 정말 엉망이야.

Another double-fault*. What's going on with you today?

또 더블 폴트네. 오늘 너 왜 그래?

SMALL TALK ② PT 강사와 수강생의 예약 시간에 대한 대화

I'll see you tomorrow at 1 p.m.

내일 오후 1시에 뵐게요.

Tomorrow? You mean Thursday, right?

내일이라고요? 목요일 말씀하시는 거죠?

No, our appointment is for tomorrow.

아니요, 내일로 예약이 잡혀 있습니다.

Oh, my bad. I put it in my calendar wrong.

아, 내 정신 좀 봐. 달력에 잘못 표기해 두었네요.

Good to Know

* heads-up: 미리 해 주는 귀띔, 알림, 경고
* double-fault: 두 번의 서브 기회 모두 실패하는 것

Never mind, I found them.

신경 쓰지 말아요, 찾았어요.

김재우의 영어관찰일기

never mind는 앞서 이야기한 내용에 대해 '신경 쓰지 마, 놔둬, 괜찮아'라고 할 때 쓰는 관용 표현입니다. 상대와 주고받는 대화에서는 물론이고 혼잣말을 할 때도 자주 쓰는 것을 볼 수 있습니다. 친구와 함께 음식점에 가려고 하는 상황에서 Where's the restaurant?(그 음식점 어디지?)라고 묻고 나서 친구가 답을 하기도 전에 혼잣말로 Oh, never mind, I see it on the map.(아, 아니다, 지도에 나와 있네.)이라고 하는 식이죠.

MODEL EXAMPLES

1 Do you know where my black pants are? Never mind, I found them.

내 검정 바지 어디 있는지 알아? 놔둬, 찾았어.

2 What time is the wedding? Never mind, I see it on the calendar.

결혼식이 몇 시야? 아니다, 달력에 적혀 있네.

3 Do you have any breadcrumbs? Oh, never mind, there they are.

(마트에서) 혹시 빵가루 있을까요? 아, 아니에요, 저기 있네요.

SMALL TALK ① 아이스크림을 사다 달라고 부탁하는 상황

Could you get me some mint chocolate chip ice cream?

민트 초콜릿 칩 아이스크림 좀 사다 줄래?

Sure. Oh, actually, it looks like they're sold out.

그럴게. 아, 근데 보니까 다 팔린 것 같은데.

OK, never mind then.

알겠어, 그럼 놔둬.

SMALL TALK ② 일정 조율에 관한 PT 강사와의 대화

Are you available Saturday?

토요일에 시간 되세요?

Let me check my schedule and get back to* you.

스케줄 확인하고 연락드릴게요.

You know what? Never mind. I'm too busy that day, anyway.

아, 저기요. 놔두세요. 어차피 그날 제가 너무 바쁘네요.

Good to Know

* get back to + 사람: '연락이 온 사람에게 다시 연락하다'라는 의미이며, 전화 통화, 이메일, 카카오톡 같은 상황 모두에서 쓸 수 있습니다.

Can I get a cup of mint tea, please?

민트 차 한 잔 주시겠어요?

김재우의 영어관찰일기

음식점이나 카페에서 주문할 때 가장 많이 쓰는 표현은 I/We will have ~; I'd like ~; Can I/we have/get ~, please? 등입니다. I will have ~와 비교해 I'd like ~ 또는 Can I have ~?가 조금 더 격식 있는 표현이라는 점도 알아 둡시다. 한편 주문을 받을 때 '무엇으로 드릴까요?'라는 말은 What can I get (for) you?라고 표현하면 됩니다.

MODEL EXAMPLES

1 I will have that salad, please.
저 샐러드 부탁드려요.

2 I'd like a tall decaf Americano.
톨 사이즈 디카페인 아메리카노 부탁드립니다.

3 Oh, can I have a white wine, please? I don't really drink beer.
아, 화이트 와인으로 부탁해도 될까요? 맥주는 잘 안 마셔서요.

4 Can we have some more garlic, please?
저희 마늘 좀 더 주실 수 있을까요?

SMALL TALK ① 식당에서 직원과 손님의 대화

What can I get for you?

뭐 드릴까요?

Can I have the chicken salad with no olives, please?

올리브를 넣지 않은 치킨 샐러드 주시겠어요?

SMALL TALK ② 술집에서 친구 사이의 대화

Does anyone want another drink from the bar?

(나 지금 바에 술 가지러 갈 건데) 한 잔 더 할 사람 있어?

Yeah, can I get a Jack and Coke, please?

응, 잭다니엘과 콜라 부탁해도 될까?

Got it.*

알겠어.

I'll transfer* you the money now.

지금 돈 보낼게.

Good to Know

* Got it.: 상대의 말에 대한 응답으로 '이해했어.', '알겠어.' 정도를 의미하는 관용 표현입니다.
* transfer: 돈을 송금하다, 부치다

I'll call you back in 5 minutes.

제가 5분 있다가 다시 전화할게요.

김재우의 영어관찰일기

미래 시점의 시간을 나타낼 때 전치사 in을 써서 '~ 있다가, ~ 후에, ~쯤 안에'를 표현할 수 있습니다. 약속 장소에 가면서 '5분쯤 후에 도착해.'라고 하려면 **I will be there in 5 minutes.**라고 하면 됩니다. 이때의 **in 5 minutes**는 3분 후가 될 수도 있고, 4분 30초 후가 될 수도 있으며, 정확히 5분 후가 될 수도 있습니다. 이에 반해 **The wedding is in 4 hours.**라고 하면 결혼식이 4시간 남았다는 말이기 때문에 4시간 뒤에 결혼식이 시작한다는 뜻이 됩니다.

MODEL EXAMPLES

1 The concert starts **in 10 minutes.**
콘서트가 10분 후에 시작해.

2 I will be there **in 10 minutes.**
나 10분쯤 후에 거기 도착해. (10분 안 또는 정확히 10분 후에 도착할 수 있음)

3 The new iPhone comes out **in two weeks.**
신규 아이폰이 2주 후에 출시됩니다.

4 I will visit my mother's place **in a couple* days.**
2~3일 후에 어머니 집을 방문할 거야.

SMALL TALK ① 두 달 후 영국으로 떠나는 친구와의 대화

I'm moving to England in two months.

나 두 달 있다가 영국으로 이사 가.

Really? Then we need to hang out before you go.

정말? 그럼 너 떠나기 전에 얼굴 한번 봐야겠네.

SMALL TALK ② 케이팝 콘서트 소식에 들뜬 친구와의 대화

Hey, Kelly, why do you look so happy?

안녕, 켈리, 기분이 정말 좋아 보이는데 이유가 뭐야?

My favorite K-pop group is having a concert in six weeks.

내가 제일 좋아하는 케이팝 그룹이 6주 후에 콘서트를 하거든.

Oh, really? I've always wanted to see a concert.

아, 정말? 난 항상 콘서트를 보고 싶었는데.

How about coming with me? This would be a great first experience.

나랑 같이 갈래? 멋진 첫 콘서트 경험이 될 거야.

Good to Know

* a couple (of): '2에서 3 사이'를 뜻하며 a couple (of) days(2~3일), a couple (of) weeks(2~3주) 등으로 표현합니다.

You look sharp* in that suit.

그 정장 입으니 멋져 보이네요.

김재우의 영어관찰일기

전치사 in을 이용하면 무언가를 입거나 쓰거나 낀 상태를 표현할 수 있습니다. 옷, 모자, 안경 등 착용 가능한 거의 모든 것을 in으로 표현할 수 있는데, 가령 '나는 정장 입으면 편해.'라는 말은 I'm comfortable in a suit.라고 표현할 수 있습니다. 또한 '잭이 한복을 입고 나타났어.'라는 말은 Jack showed up in hanbok. 이라고 표현하면 깔끔한 원어민식 영어가 됩니다.

MODEL EXAMPLES

1 You look slimmer **in that dress.**
그 드레스 입으니 더 날씬해 보인다.

2 Your legs look longer **in those skinny jeans.**
그 스키니 진 입으니까 너 다리가 더 길어 보인다.

3 I saw someone **in a scary clown costume** today.
오늘 무서운 광대 복장을 한 어떤 사람을 봤어.

4 I feel uncomfortable **in shorts**. I have really hairy legs.
저는 반바지 입으면 불편해요. 다리에 털이 너무 많아서요.

SMALL TALK 1 한복의 국제적 인기에 관한 대화

It feels nice seeing* foreigners in hanbok at the palaces.

궁에서 외국인들이 한복 입고 있는 것 보면 기분이 좋아.

Yeah, I agree. Hanbok is turning into a global fashion trend.

응, 나도 그래. 한복이 글로벌 패션 트렌드가 되고 있지.

SMALL TALK 2 여름에도 늘 정장을 입는 친구와의 대화

Why are you always wearing a suit?

왜 항상 정장을 입고 있는 거야?

I feel more professional in a suit.

정장을 입으면 좀 더 프로답게 느껴지거든.

Even in this hot weather, though?

근데 이렇게 더운 날씨에도?

This is a summer suit. It's linen.

이건 여름 정장이야. 리넨이거든.

Good to Know

* sharp: (어떠한 의상을 착용했을 때) 멋진, 맵시 나는
* It feels nice -ing: ~하게 되어 기분이 좋다

What did you have for lunch today?

오늘 점심으로 뭐 먹었어요?

김재우의 영어관찰일기

'아침/점심/저녁으로 ~을 먹다'라는 말은 have ~ for breakfast/lunch/dinner로 표현합니다. 이때의 for는 우리말의 '~으로'가 되는 셈입니다. 아침/점심/저녁으로 뭘 먹었는지 물어보려면 대표 문장과 같이 의문문 형태로 What did you have for breakfast/lunch/dinner?라고 표현합니다.

MODEL EXAMPLES

1 What do you usually have for breakfast?
아침은 주로 뭘 드세요?

2 I like to have something sweet for breakfast.
저는 아침은 주로 단것을 먹습니다.

3 I didn't have anything for lunch today.
오늘은 점심으로 아무것도 먹지 않았어요.

4 I'm sick of soup. I had soup for both lunch and dinner yesterday.
수프는 이제 지겨워. 어제는 점심, 저녁 모두 수프를 먹었어.

SMALL TALK ① 전화 통화 중인 친구 사이의 대화

What's that chewing sound? Are you eating something?

씹는 소리는 뭐야? 뭐 먹고 있어?

Oh, sorry. Yeah, I'm having leftover pizza for dinner now.

아, 미안. 맞아, 지금 저녁으로 남은 피자 먹고 있어.

SMALL TALK ② 식사에 관한 친구 사이의 대화

My doctor wants me to eat three meals a day.

의사 선생님이 하루 세 끼를 챙겨 먹으래.

That's not a big deal*. I already do that.

어려운 건 아니잖아. 난 이미 그렇게 하고 있거든.

I usually skip breakfast, but I had ramen for breakfast today.

난 보통 아침은 건너뛰어. 근데 오늘은 아침으로 라면을 먹었어.

I think eating nothing is healthier than that.

차라리 아무것도 안 먹는 게 몸에 더 좋을 것 같은데.

Good to Know

* not a big deal: 별 것 아닌, 어려운 일도 아닌

Why don't you stay for dinner?

저녁 식사하고 가는 건 어때요?

김재우의 영어관찰일기

우리나라 학습자들은 '목적'을 나타낼 때 주로 to부정사를 쓰는 것을 볼 수 있습니다. 하지만 동사가 꼭 필요한 경우가 아니라면 「for + 명사」와 같이 전치사로 간결하게 표현하는 것이 좋습니다. 예를 들어 '만나서 저녁 먹자.'라는 말을 Let's meet and have dinner.라고 하기보다는 Let's meet for dinner.라고 하는 것이 원어민들이 자주 쓰는 표현 방식에 좀 더 가깝습니다.

MODEL EXAMPLES

1 I met Jasmine for lunch today.

오늘 재스민 만나서 점심 먹었어

2 John just stepped out* for a smoke.

존이 담배 피우러 잠깐 나갔습니다.

3 I'm sending the contract over for review.

(계약서 검토를 부탁하며 하는 말) 지금 검토할 계약서 보낼게.

4 I am eating a salad for a change.

(정크푸드를 주로 먹는 사람이 하는 말) 난 좀 변화를 주기 위해 샐러드를 먹고 있어.

SMALL TALK ① 자전거 타자고 제안하는 친구와의 대화

Want to go out for a bike ride?

나가서 자전거 탈까?

Sure! The weather is perfect right now.

좋지! 지금 날씨가 너무 좋네.

SMALL TALK ② 한잔하자는 친구와의 카카오톡 대화

What are you up to tonight?*

오늘 밤에 뭐 해?

Nothing special. You?

별거 없어. 너는?

Let's go out for a drink.

나가서 한잔하자.

Sure. What time do you finish work?

좋지. 몇 시에 일 끝나는데?

Good to Know

* step out: step(발을 움직이다)와 out(밖으로)이 만나 '밖으로 나가다'라는 의미를 지닌 구동사입니다.
* What are you up to tonight?: '오늘 밤 뭐 하니?', '오늘 밤 무슨 계획 있니?'를 뜻하는 관용 표현입니다.

I usually don't eat before the gym.

저는 헬스장 가기 전에는 아무것도 안 먹어요.

김재우의 영어관찰일기

'학교 마치고', '저녁 먹기 전에', '교회 갔다 와서', '헬스장 가기 전에' 등을 영어로 말해 보라고 하면 대부분 after you finish school 또는 before you go to the gym 등으로 표현하는 것을 볼 수 있습니다. 하지만 원어민들은 이런 경우 after school이나 before the gym과 같이 전치사구로 간결하게 표현합니다. 초급자일수록 간결하게 표현하는 습관을 길러 두는 것이 매우 중요하답니다.

MODEL EXAMPLES

1 I will be back before lunch.
점심시간 전에 돌아올게요.

2 Can I talk to you before class?
(교수가 학생에게) 수업 시작하기 전에 이야기 좀 할 수 있을까?

3 Let me call you back after dinner.
저녁 먹고 다시 전화할게.

4 Let's go for a walk* after work.
퇴근하고 산책 가자.

SMALL TALK ① 같은 교회에 다니는 신도 사이의 대화

What do you usually do after church?

보통 예배 끝나고 뭐 해요?

I head straight to my tennis lesson.

바로 테니스 강습 받으러 갑니다.

SMALL TALK ② 일과에 대한 이웃 주민 사이의 대화

What are you doing after the gym?

(오늘) 헬스장 다녀와서 뭐 해요?

I need to head back to* work.

다시 사무실 가야 해요.

You're so busy. What about after work?

엄청 바쁘군요. 퇴근하고는요?

I'm meeting my husband for a drink.

남편 만나서 한잔해요.

Good to Know

* go for a walk: '산책하다'라는 뜻의 관용 표현입니다. 비슷한 표현으로는 take a walk가 있습니다.
* head back to: '다시 ~로 향하다, 가다'라는 의미입니다. head는 방향을 강조할 때 go 대신 쓰는 동사입니다.

REVIEW TEST DAY 1~10

1 I didn't ________ it.

그런 의도로 한 말은 아니었어요.

2 ________. Thanks.

그럼 너무 좋죠. 감사해요.

3 ________. I messaged the wrong person.

죄송해요. 제가 문자를 잘못 보냈네요.

4 Never ________, I found them.

신경 쓰지 말아요, 찾았어요.

5 ________ a cup of mint tea, please?

민트 차 한 잔 주시겠어요?

6 I'll call you back ________.

제가 5분 있다가 다시 전화할게요.

7 You look sharp ________.

그 정장 입으니 멋져 보이네요.

8 What did you have ________ today?

오늘 점심으로 뭐 먹었어요?

9 Why don't you stay ________?

저녁 식사하고 가는 건 어때요?

10 I usually don't eat ________.

저는 헬스장 가기 전에는 아무것도 안 먹어요.

정답 | **1** mean **2** That'd be great **3** My bad **4** mind **5** Can I get **6** in 5 minutes **7** in that suit **8** for lunch **9** for dinner **10** before the gym

DAY 11~20

DAY 11 **Who's paying for all this?**
이 음식 값은 다 누가 내는 거예요?

DAY 12 **I went to Mexico over spring break.**
봄 방학 때 멕시코에 다녀왔어요.

DAY 13 **They both look good on you.**
그 두 개 다 당신한테 잘 어울려요.

DAY 14 **I don't really like seafood. – Me neither.**
전 해산물 별로 안 좋아해요. – 저도 그래요.

DAY 15 **What's your MBTI again?**
MBTI가 뭐라고 하셨죠?

DAY 16 **Not really. I'm just browsing.**
아니에요. 그냥 둘러보고 있어요.

DAY 17 **I travel a lot for business.**
저는 일 때문에 여행을 많이 다녀요.

DAY 18 **Did you start school yet?**
학교는 시작한 거죠?

DAY 19 **It wasn't that cheap.**
그렇게 싸지도 않더라고요.

DAY 20 **I have a quick question.**
간단한 질문 하나 할게요.

Who's paying for all this?

(식사 모임에서) 이 음식값은 다 누가 내는 거예요?

김재우의 영어관찰일기

pay for는 '~에 대해서 돈을 지불하다'라는 의미의 표현이며, for 다음에는 제품 및 서비스(물건, 식사, 커피, 여행, 숙박, 교육 등)가 목적어로 오게 됩니다. 넷플릭스 시리즈인 〈스핀 아웃〉에는 엄마가 스케이팅 선수인 두 딸에게 '더 이상 둘의 스케이팅 코칭 비용을 내줄 형편이 안 된다.'라는 의미로 I just can't afford to pay for both of your coaching anymore.라고 하는 장면이 나옵니다. pay for는 일상에서 정말 많이 쓰는 표현이니 꼭 입에 붙이세요.

MODEL EXAMPLES

1 Let me **pay for** coffee.
커피값은 내가 낼 게.

2 How are you going to **pay for** grad school*?
대학원 학비는 어떻게 내려고 하는 거야?

3 I can't afford to **pay for** a new smartphone right now.
지금은 새 스마트폰 값 낼 돈이 없어요.

4 I ended up **paying for** my parents' trip to Europe.
결국 내가 부모님 유럽 여행 경비를 냈잖아.

SMALL TALK 1 회사 창립기념일 파티에서 동료 사이의 대화

Who paid for all this food?

이 많은 음식값은 누가 낸 거야?

The CEO did. It's her way to celebrate the company's 10th anniversary.

사장님이 냈지. 창립 10주년 기념을 위한 사장님만의 방식이야.

SMALL TALK 2 미국 여행을 앞둔 대학생 친구와의 대화

Are your parents paying for your trip to America?

미국 여행 경비를 부모님이 대주시는 거야?

No, I am.

아니, 내 돈으로 가지.

How long did it take you to save up for* it?

여행 경비 모으는 데 얼마나 걸렸어?

It took about eight months.

8개월 정도 걸렸어.

Good to Know

* grad school: graduate school(대학원)의 약어입니다.
* save up for: (~을 위해) 돈을 모으다, 저축하다

I went to Mexico over spring break.

봄 방학 때 멕시코에 다녀왔어요.

김재우의 영어관찰일기

'~한 기간에 걸쳐, ~ 동안'이라고 할 때는 over 또는 during을 씁니다. over는 그 기간의 '처음부터 끝까지'를 가리키는 데 반해 during은 전체 기간 속에서 '어떤 특정 시점 동안'을 가리킵니다. 따라서 '주말/휴가/연휴 동안'이라고 할 때는 during보다는 over를 훨씬 많이 씁니다. 대표 문장에서의 spring break가 총 6일이었다면, 이 6일이라는 전체 기간 동안 멕시코에 다녀왔다는 말이죠.

MODEL EXAMPLES

1 What did you do over the weekend?
주말에 뭐 했어?

2 I need to clean my place over the weekend.
주말 동안 집 청소해야 해.

3 I'm not going anywhere over the holiday season.
연휴 기간 동안 아무 데도 안 가.

4 Where did you go over the Chuseok break?
추석에 쉴 때 어디 다녀왔어요?

SMALL TALK 1 대학교 원어민 강사들의 대화

What will you do over the summer break?

여름 방학 때는 뭐 할 거예요?

I'm heading to Los Angeles to visit family.

가족들을 만나러 LA에 가요.

SMALL TALK 2 연휴 직후 친구 사이의 대화

What did you do over the Chuseok break?

추석 연휴 때 뭐 했어?

I read a couple books. What about you?

책 몇 권 읽었어. 너는?

My whole family* gathered* together, and we had a lot of fun.

가족들 전부 모여서 재미있게 보냈어.

Holidays are always too short, aren't they?

연휴는 늘 너무 짧아, 그치?

Good to Know

* family: 가까운 친척들을 포함하여 '가족, 집안 식구'를 의미합니다.
* gather: '어느 한 장소로 모이다'라는 의미의 동사입니다. 명사형은 gathering(모임)이며 '가족 모임'은 family gathering으로 표현합니다.

They both look good on* you.

그 두 개 다 당신한테 잘 어울려요.

김재우의 영어관찰일기

both는 '둘 다'를 지칭하는 단어입니다. 오늘은 both가 대명사 we나 they 등과 함께 쓰이는 경우 살펴보겠습니다. 「We/They + be동사 + both + 형용사/명사」 또는 「We/They + both + 일반동사」 형태로 가장 흔히 사용됩니다. 예를 들어 '삼각지에서 볼까, 아니면 신논현역에서 볼까?'라는 말에 '둘 다 괜찮아.'라고 할 때 They're both fine.이라고 답하면 자연스러운 원어민식 표현이 됩니다.

MODEL EXAMPLES

1 **We both want** to have two kids.
저희 둘 다 아이 둘을 원해요.

2 **They both cost** about the same.
두 개 다 가격은 비슷합니다.

3 **They both eat** a lot.
(청소년 자녀 두 명을 둔 엄마의 말) 저희 애들이 둘 다 정말 많이 먹어요.

4 **These purses are both too expensive** for me.
이 지갑은 둘 다 저한테는 너무 비쌉니다.

SMALL TALK ❶ 선호하는 음료 브랜드에 관한 대화

Do you like Coke or Pepsi?

코카콜라가 좋아, 펩시가 좋아?

They're both fine to me.

난 둘 다 괜찮아.

SMALL TALK ❷ 자동차 딜러와 고객 사이의 대화

We have a coupé and a convertible available*.

쿠페와 컨버터블 모델이 가능합니다.

They both sound good.

둘 다 좋은 것 같네요.

OK, well, the convertible is a little more expensive.

네, 근데 컨버터블이 조금 더 비쌉니다.

I see. Then let's look at the coupé.

알겠어요. 그럼 쿠페로 보죠.

Good to Know

* look good on + 사람: '옷, 모자, 안경 등이 ~에게 잘 어울리다'라는 의미의 관용 표현입니다.
* available: 여기에서는 '구매 가능한, 재고가 있는'의 의미로 쓰였습니다.

I don't really like seafood. – Me neither.

전 해산물 별로 안 좋아해요. – 저도 그래요.

김재우의 영어관찰일기

상대가 하는 말이 부정적인 내용일 때 맞장구를 치는 의미로 '나도 그래.'라고 할 때는 Me neither.로 표현할 수 있습니다. 참고로 긍정의 말에 대해서는 Me too., So do I., So am I. 등으로 동의를 표현한다는 점도 알아 둡시다. 다만, 이러한 표현들을 알고 있더라도 막상 원어민을 만나면 Me too.만 쓰게 될 때가 많으니 꾸준한 연습이 필요합니다.

MODEL EXAMPLES

1 A: I've never been to New York.

난 뉴욕에 가 본 적이 없어.

B: Me neither. I've only been to Florida.

나도 그래. 플로리다밖에 안 가 봤어.

2 A: I don't feel like going out tonight.

오늘 밤은 밖에 나갈 기분이 아니네.

B: Me neither. Let's order in* tonight.

나도 그래. 오늘 밤엔 시켜 먹자.

SMALL TALK 1 재택근무에 관한 친구 사이의 대화

I don't like working from home*.

나는 재택근무가 별로야.

Me neither. There are too many distractions at my place.

나도 그래. 집에는 방해 요소가 너무 많거든.

SMALL TALK 2 베스트셀러 책에 관한 친구 사이의 대화

This book has been a best-seller for a year now.

이 책이 지금 일 년 동안 베스트셀러야.

I still haven't read it.

나는 아직 못 읽었어.

Me neither. Maybe we should read it together.

나도. 우리 같이 읽으면 어떨까 해.

I actually have other books I need to read first.

사실 난 먼저 읽어야 할 다른 책들이 있어.

Good to Know

* order in: '(음식을) 시켜 먹다'라는 의미의 관용 표현입니다.
* work from home: '재택근무를 하다'를 뜻하는 관용 표현입니다.

What's your MBTI again?

MBTI가 뭐라고 하셨죠?

김재우의 영어관찰일기

'다시'라는 의미의 again은 어떠한 정보를 재차 확인할 때 문장 마지막에 많이 쓰입니다. 생각보다 활용도가 아주 높습니다. 신발 가게에서 직원이 손님에게 What was your size again?(사이즈가 어떻게 된다고 하셨죠?)이라고 사이즈를 다시 확인할 때 흔히 쓰이고, 파티에서 스치듯 알게 된 사람과 다시 만났을 때 What's your name again?(그때 성함이 뭐라고 하셨죠?)이라는 말로 이름을 물어볼 수도 있습니다.

MODEL EXAMPLES

1 Excuse me, but what was your name again?
죄송한데, 성함이 어떻게 된다고 하셨죠?

2 When is your dad's birthday again?
너희 아버지 생신이 언제라고 했지?

3 What car does your brother have again?
동생분 차가 뭐라고 했죠?

4 What was the name of that area in LA again?
LA에 있는 그 동네 이름이 뭐였죠?

SMALL TALK 1 스테이크 전문점에 관한 친구 사이의 대화

I told you about* that steak place, didn't I?

내가 그 스테이크 집 이야기 안 했던가?

Yeah, but what was the name of it **again**?

했는데, 이름이 뭐라고 했더라?

SMALL TALK 2 동생 결혼식 참석차 호주에 가는 친구와의 대화

We're leaving next week for* Australia.

우리 다음 주에 호주로 출발해.

Oh, that's right. For your brother's wedding, right?

아, 맞아. 남동생 결혼식 때문이지, 맞지?

Right. Little bro is getting married.

맞아. 남동생이 결혼해.

Congrats! When did you say you were coming back **again**?

축하해! 언제 돌아온다고 했더라?

Good to Know

* tell + 사람 + about + 명사: ~에게 …에 대해 이야기하다
* leave for + 장소: '~로 떠나다, 출발하다'라는 표현으로 이때 전치사는 to가 아닌 for를 씁니다.

Not really. I'm just browsing.

(옷 가게에서) 아니에요. 그냥 둘러보고 있어요.

김재우의 영어관찰일기

상대방이 묻는 말에 단순히 No.라고 답하면 경우에 따라 상대방을 상당히 무안하게 만들 수도 있습니다. No.는 너무 단호하고 세게 들리기 때문이죠. 이럴 때 필요한 표현이 바로 Not really.입니다. '꼭 그렇지도[그렇지는] 않다' 정도의 어감입니다. 상대방이 Are you feeling any better?라는 말로 몸이 좀 나았는지 묻는다면 Not really. I still have a sore throat and a headache.(그렇지도 않아. 아직 목이 따갑고 두통이 있어.)라고 부드럽게 답하는 센스를 발휘해 봅시다.

MODEL EXAMPLES

1 A: Are you much of* a movie-goer?

영화 보는 거 좋아하세요?

B: Not really.

그렇지도 않아요.

2 A: Do you ever exercise?

운동은 하세요?

B: Not really. I just use the stairs instead of the elevator.

그렇지도 않아요. 엘리베이터 대신 계단을 이용하는 정도예요.

SMALL TALK ① 직장 동료들 사이의 대화

Are you hungry? We're about to have dinner.

배고프시죠? 우리 막 저녁 먹으려던 참이에요.

Uh, not really. I'm pretty tired.

어, 별로요. 좀 피곤하네요.

SMALL TALK ② 영화에 관한 친구 사이의 대화

Did you like the movie last night?

어젯밤에 영화는 재미있었어?

Not really. It was kind of disappointing.

그렇지도 않았어. 좀 실망스러웠어.

Oh, that's too bad. Was it a bad plot?

저런. 줄거리가 별로였던 거야?

Yeah, and the murder scene was too gross*.

응, 게다가 살인 장면이 너무 잔인했어.

Good to Know

* much of a + 명사: '~을 대단히 좋아하는, 즐기는'이라는 의미의 관용 표현입니다.
* gross: 역겨운, 매우 불쾌하게 만드는

I travel a lot for business.

저는 일 때문에 여행을 많이 다녀요.

김재우의 영어관찰일기

a lot이라는 표현을 a lot of money처럼 「a lot of + 명사」의 형태로 쓰는 데 익숙한 학습자도 있을 겁니다. 하지만 a lot을 동사 뒤에 써서 '자주, 많이'라는 뜻의 부사로도 매우 자주 사용합니다. I travel a lot.(나는 여행을 많이 합니다.)이나 He drinks a lot.(그 사람은 술을 많이(자주) 마셔요.) 등이 대표적인 경우이죠.

MODEL EXAMPLES

1 I recommend going out to a buffet. They both **eat a lot.**
뷔페에 갈 것을 추천해. 그 친구들 둘 다 많이 먹거든.

2 I used to **go** shopping **a lot**, but now I shop online.
예전에는 쇼핑하러 많이 갔는데, 지금은 온라인으로 쇼핑해요.

3 It **rains a lot** in July.
7월에는 비가 많이 내립니다.

4 They **fight a lot.**
(직장 상사와 동료에 관해 말하면서) 그 둘은 참 많이 싸웁니다.

SMALL TALK ① 운동에 관한 친구 사이의 대화

I'm on my way to the gym.

나 헬스장 가는 길이야.

Again? You exercise a lot.

또? 너 운동 정말 많이 하는구나.

SMALL TALK ② 넷플릭스 시청에 관한 친구 사이의 대화

Have you seen that ghost drama on Netflix?

넷플릭스에서 그 귀신 영화 봤어?

No, I cancelled my Netflix subscription last year, actually.

아니, 사실 작년에 넷플릭스 구독 취소했어.

That's not a bad idea. I waste a lot of time watching* stuff.

잘 했네. 나도 이것저것 본다고 시간을 너무 많이 낭비하거든.

Really? Do you still watch Netflix a lot?

정말? 아직도 넷플릭스 많이 보는 거야?

Good to Know

* waste time -ing: '~하느라 시간을 낭비하다, 허비하다'라는 의미의 관용구입니다. waste time 다음에 전치사 없이 바로 동명사를 씁니다.

Did you start school yet?

학교는 시작한 거죠?

김재우의 영어관찰일기

yet이라고 하면 '아직'이라는 뜻이 떠오릅니다. **I haven't decided yet.**과 같이 주로 부정문에서 yet을 쓰며, '아직 ~하지 않았다'는 의미입니다. 그런데 의문문 마지막에 yet을 붙이면 '이제는[지금쯤은] ~한 거지?'라는 뉘앙스를 띱니다. **Did you finish your homework?**는 단순히 '숙제 다 했니?'인 반면 **Did you finish your homework yet?**은 '숙제는 다 한 거지?'라는 어감으로 분명한 차이가 있습니다.

MODEL EXAMPLES

1 Did you finish reading that book **yet**?

그 책은 다 읽은 거지?

2 Did you choose a name for your baby **yet**?

아기 이름은 정한 거지?

3 Did you call your mom back **yet**?

엄마한테 다시 전화한 거지?

4 Did you decide on a color **yet**?

(네일아트 숍에서 직원이 하는 말) 색깔은 고르셨을까요?

SMALL TALK ① 호텔 예약에 관한 부부 사이의 대화

Did you book the hotel yet?

호텔 예약은 한 거지?

Yeah. Now we just need to book a rental car.

응. 이제 렌터카 예약만 하면 돼.

SMALL TALK ② 결혼을 앞둔 친구와의 대화

Did you pick out* a wedding dress yet?

웨딩드레스는 고른 거지?

Not yet. I haven't even started looking.

아직. 아직 알아보지도 않았어.

Yeah, wedding planning can be overwhelming.

그래, 결혼 준비가 상당히 힘들 수 있지.

It is! I'd rather* go straight to Hawaii for the honeymoon.

맞아! 곧장 하와이로 신혼여행 가는 게 나을 듯.

Good to Know

* pick out: '~을 잘 선별해서 고르다'라는 의미의 구동사입니다.
* I'd rather + 동사원형: '(~하느니) 차라리 …하는 게 낫겠다'라는 뜻의 관용 표현입니다.

It wasn't that cheap.

그렇게 싸지도 않더라고요.

김재우의 영어관찰일기

「not that+형용사/부사」는 '그렇게 ~하지는 않은'이라는 의미의 구문으로 자신이나 상대가 생각한 것만큼 '~하지는 않다'라고 할 때 아주 유용하게 쓸 수 있습니다. 많은 학습자가 「so/very+형용사/부사」 구문에는 익숙하지만 오늘 학습하는 「not that+형용사/부사」는 거의 제대로 활용하지 못하는 경향이 있는데, 자연스럽게 입에서 나올 수 있도록 연습하시기 바랍니다.

MODEL EXAMPLES

1 John seems like a demanding* boss, but he isn't that bad.
존이 까다로운 상사 같아 보이지만, 사실 그렇게 심하지는 않아.

2 Don't bring a jacket to Bali. It isn't that cold here.
(발리로 여행 오는 친구에게) 발리에 재킷 가져오지 마. 여긴 그렇게 안 추워.

3 I think I'll order our coffees to go. We can't stay that long.
(친구가 운영하는 카페에 잠깐 들러서 하는 말) 테이크 아웃으로 주문해야 할 것 같네. 우리 그렇게 오래는 못 있어서.

4 Working as a flight attendant isn't that glamorous*.
승무원으로 일하는 게 그렇게 화려하지는 않아요.

SMALL TALK ❶ 새로 생긴 햄버거 가게에 관한 대화

There's still a huge line outside that new burger place every day.

새로 생긴 그 햄버거 가게 밖에 아직도 매일 줄을 길게 서 있네.

Really? That place **isn't that good**.

정말? 그 집 햄버거 그렇게 맛있지는 않은데.

SMALL TALK ❷ 읽고 있는 책에 관한 친구 사이의 대화

How's that book you're reading?

읽고 있는 책은 어때?

It's **not that bad**, actually.

사실 그렇게 나쁘지는 않아.

I told you that fantasy books aren't just for kids.

판타지 책이 아이들만 읽는 건 아니라고 했잖아.

Yeah, you were right, I guess.

응, 네 말이 맞는 것 같아.

Good to Know

* demanding: 까다롭거나 요구 사항이 많은 사람을 묘사할 때 쓰는 형용사입니다.
* glamorous: 겉으로 보기에 화려한, 화려해 보이는

I have a quick question.

간단한 질문 하나 할게요.

김재우의 영어관찰일기

아마도 quick이라는 형용사보다 quickly라는 부사를 사용하는 데 훨씬 익숙한 분들이 많을 겁니다. 하지만 원어민들은 「quick + 명사」로 이루어진 표현을 자주 씁니다. '짧게 휴식을 취하다'라는 말은 take a quick break라고 하며, '빨리 어디에 다녀오다'라고 할 때도 「make a quick trip to + 장소」로 표현하는 것을 볼 수 있습니다. 평소 눈과 귀로 quick을 활용한 다양한 문장을 접해 두는 것이 매우 중요하겠습니다.

MODEL EXAMPLES

1 Excuse me. I need to make a quick call.

미안합니다. 짧게 전화 한 통만 할게요.

2 He's taking a quick bathroom break. He'll be right back.

(팀장님 앞으로 온 전화를 받은 상황) 팀장님 잠깐 화장실에 갔습니다. 금방 올 거예요.

3 Let's have a quick dinner and then catch a movie*.

저녁 간단히 먹고 영화 보자.

4 Why don't we take a quick break?

잠깐 쉴까요?

SMALL TALK ❶ 영화 관람 직전 커플 사이의 대화

Can I make **a quick trip** to the restroom before we go into the theater?

상영관 들어가기 전에 잠깐 화장실 갔다 와도 될까?

Sure, go ahead. I'll wait for you here.

당연하지, 다녀와. 여기서 기다릴게.

SMALL TALK ❷ 차로 가족여행 중인 엄마와 아이들의 대화

Can we make **a quick pit stop**? I have to go to the bathroom.

(엄마,) 잠깐 휴게소 들르면 안 될까요? 화장실 가야 해서요.

Yeah, Mom, I'm starting to get hungry.

그래요, 엄마, 저는 슬슬 배가 고파요.

Look, there's a rest stop up ahead.

봐봐요, 저 앞에 휴게소 있네요.

Perfect. The gas tank is almost empty anyway.

좋아. 어차피 (차에) 기름도 간당간당하네.

Good to Know

* catch a movie: see a movie나 watch a movie보다 비격식적인 표현으로 '영화 보러 가다, 영화 한 편 때리다'라는 의미입니다.

REVIEW TEST DAY 11~20

11 Who's ______ all this?

이 음식 값은 다 누가 내는 거예요?

12 I went to Mexico ______ spring break.

봄 방학 때 멕시코에 다녀왔어요.

13 They ______ look good on you.

그 두 개 다 너한테 잘 어울려.

14 I don't really like seafood. – ______.

전 해산물을 별로 안 좋아해요. – 저도 그래요.

15 What's your MBTI ______?

MBTI가 뭐라고 하셨죠?

16 Not ______. I'm just browsing.

아니에요. 그냥 둘러보고 있어요.

17 I ______ for business.

저는 일 때문에 여행을 많이 다녀요.

18 Did you ______ school ______?

학교는 시작한 거죠?

19 It ______.

그렇게 싸지도 않더라고요.

20 I have ______.

간단한 질문 하나 할게요.

정답 | **11** paying for **12** over **13** both **14** Me neither **15** again **16** really
17 travel a lot **18** start / yet **19** wasn't that cheap **20** a quick question

DAY 21~30

DAY 21 **My husband is always busy working.**
제 남편은 늘 일하느라 바빠요.

DAY 22 **I'm three months pregnant now.**
임신 3개월째예요.

DAY 23 **Good food puts me in a good mood.**
좋은 음식을 먹으면 기분이 좋아져요.

DAY 24 **It was a lot of fun last night.**
어젯밤에 정말 즐거웠어요.

DAY 25 **You're wearing a tie. What's the occasion?**
넥타이를 했네요. 무슨 일 있어요?

DAY 26 **My husband has a short temper.**
제 남편은 다혈질이에요.

DAY 27 **I had a rough week.**
이번 한 주는 정신없었어요.

DAY 28 **I don't go to that café. They don't have Wi-Fi.**
저는 그 카페는 안 가요. 와이파이가 안 되거든요.

DAY 29 **I asked for a window seat.**
창가 자리를 달라고 했습니다.

DAY 30 **I studied math in undergrad.**
학부 때 수학을 전공했습니다.

My husband is always busy working.

제 남편은 늘 일하느라 바빠요.

김재우의 영어관찰일기

'~하느라 바쁘다'라고 할 때는 be busy -ing로 표현하면 됩니다. '여행 준비하느라 바쁘다.'라는 말은 I am busy getting ready for the trip.이라고 합니다. 「be busy with + 명사」로 표현하기도 하는데, I've been busy with work lately.라고 하면 '요즘 일 때문에 바빴다.'라는 뜻입니다. 여기서는 be busy -ing에 집중해서 학습하겠습니다.

MODEL EXAMPLES

1 My wife is always busy doing something.
제 아내는 늘 뭔가를 하느라 바빠요.

2 I'm busy working on my résumé.
난 이력서 작성하느라 바빠.

3 I've been busy preparing for my concert in June.
6월에 있을 콘서트 준비하느라 바쁘네요.

4 I was busy cooking dinner when you called.
네가 전화했을 때 저녁 준비하느라 바빴어.

SMALL TALK 1 한참 만에 만난 친구 사이의 대화

Hey, Andrew, I haven't seen you in a while*.

안녕, 앤드루, 한동안 안 보이더라.

I know. I've been busy working, so I haven't been out much.

그러게 말이야. 일하느라 바빠서 외출을 많이 못 했거든.

SMALL TALK 2 저녁 식사에 친구를 초대하는 상황의 대화

Hey, do you want to stop by for dinner tonight?

이봐, 오늘 저녁 먹으러 우리 집에 들를래?

I'm busy preparing for my business trip.

출장 준비하느라 바빠.

Another business trip?

또 출장이야?

Yeah, this one is only a couple days. Anyway, I appreciate the dinner invite*.

응, 이번엔 2~3일 정도야. 어쨌든 저녁 초대 고마워.

Good to Know

* in a while: 부정문에서 '한동안, 제법 오랜 시간 동안'을 뜻하는 관용 표현입니다.
* invite: 여기에서는 명사로 '초대'라는 뜻이며, invitation보다 비격식적인 표현입니다.

I'm three months pregnant now.

임신 3개월째예요.

김재우의 영어관찰일기

오늘은 숫자나 수사(숫자를 나타내는 말)를 이용해 표현하는 방법에 대해 살펴보겠습니다. '약속 장소에 5분 정도 늦을 것 같아.'라고 메시지를 보내는 경우 I think I'm running five minutes late.라고 합니다. 수사 five, 시간을 나타내는 단위 minutes 그리고 형용사 late이 쓰였습니다. 이렇게 「숫자/수사+단위 명사+형용사」 구문을 이용하면 쉽게 수나 양의 정도를 표현할 수 있습니다. 어렵지는 않지만 생각보다 입에 잘 붙지 않는 구문이니 반복해서 연습하세요.

MODEL EXAMPLES

1 **I can't believe the Statue of Liberty is 93 meters tall!**
자유의 여신상 높이가 93미터라니! 믿기지가 않아!

2 **I'm afraid I might be a few minutes late.**
(차가 막혀 약속 시간에 늦은 경우) 몇 분 정도 늦을 것 같아요.

3 **Wow, your book is over 500 pages long!**
우와, 쓰신 책이 500페이지가 넘는군요!

4 **Did you know that the Han River is up to 1,200 meters wide?**
한강 너비가 최대 1,200미터나 되는 거 알았어?

SMALL TALK ❶ 영화를 주제로 한 친구 사이의 대화

Did you watch *Dune 2* yet? It's so good.

〈듄 2〉는 본 거야? 이 영화 정말 괜찮아.

It's almost three hours long. I will give it a try*, though.

근데 거의 3시간짜리잖아. 그래도 한번 볼게.

SMALL TALK ❷ 공인중개사와 고객 사이의 대화

This apartment is 800 million won. You will love it.

이 아파트는 8억입니다. 마음에 드실 겁니다.

Is it close to the subway?

지하철이랑 가깝나요?

It's only a five minute walk.

5분 거리밖에 안 돼요.

It sounds good. The problem is, I might be 100 million won short*.

좋네요. 근데 제가 1억이 모자를 수도 있어요.

Good to Know

* give it a try: '시도하다'라는 의미의 관용 표현입니다. 비슷한 표현으로는 give it a shot 또는 have a go가 있습니다.
* short: '(돈, 시간 등이) 부족한'이라는 뜻의 형용사입니다.

Good food puts me in a good mood.

좋은 음식을 먹으면 기분이 좋아져요.

김재우의 영어관찰일기

'기분이 좋다', '기분이 안 좋다'라고 할 때는 각각 in a good mood, in a bad mood로 표현하면 됩니다. 이때 mood는 '기분'을 뜻합니다. '그녀에게서 전화가 오면 기분이 좋아진다.'라고 하려면 When she calls me, that puts me in a good mood.라고 하면 됩니다. '아빠가 저녁 내내 기분이 안 좋다.'라는 말은 Dad has been in a bad mood all evening.이라고 표현합니다.

MODEL EXAMPLES

1 Seeing you always puts me in a good mood.
너를 보면 언제나 기분이 좋아져.

2 How do you put yourself in a good mood?
넌 어떻게 늘 기분 좋은 상태를 유지하는 거니?

3 Why are you in such a bad mood today?
오늘따라 왜 그렇게 기분이 안 좋은 건데?

4 Just as a warning, I'm in a bad mood today.
미리 경고하는데, 나 오늘 기분 안 좋거든.

SMALL TALK ① 늘 기분이 좋아 보이는 친구와의 대화

You always seem to be in a good mood. What's your secret?

넌 늘 기분이 좋아 보여. 비결이 뭐야?

Yeah, I am always trying to look on the positive side of things*.

아, 항상 긍정적인 면을 보려고 하거든.

SMALL TALK ② 십 대 딸아이에 관한 부부 사이의 대화

Did you see Jiwon this morning?

오전에 지원이 봤어?

Yeah, she seemed to be in a bad mood about something.

응, 뭔가 기분이 안 좋은 것 같았어.

How about I buy her something?

지원이한테 뭐 사 주면 어떨까?

I'll ask her what's going on after school today.

오늘 학교 끝나고 오면 무슨 일인지 물어볼게.

Good to Know

* look on the positive side of things: 긍정적인 측면을 보다, 긍정적으로 생각하다

It was a lot of fun last night.

어젯밤에 정말 즐거웠어요.

김재우의 영어관찰일기

'~을 하느라 즐거웠다'라고 표현할 때 enjoy를 떠올리기 쉽지만, 원어민들은 fun이라는 단어를 더 많이 씁니다. It was a lot of fun. 또는 「주어+had a lot of fun」 같은 형태로 표현합니다. 다만, fun을 이용한 표현은 enjoy와 비교해 좀 더 가볍고 일상적인 상황에서 많이 쓰이므로 조금 격식을 차려서 말해야 하는 경우에는 enjoy를 쓰는 것이 좋다는 점도 알아 둡시다.

MODEL EXAMPLES

1 We **had a lot of fun** last weekend at your party.
지난 주말 네 파티에서 정말 즐거웠어.

2 I'm looking forward to* our trip. **It's going to be a lot of fun**!
우리 여행 너무 기대돼. 정말 재미있을 거야!

3 All the reviews said that **it was a lot of fun**.
후기를 보니 너무 재미있었다는 말밖에 없더라.

4 Christmas **can be a lot of fun** for parents and kids alike.
크리스마스는 부모와 아이들 모두에게 즐거운 시간이 될 수 있다.

SMALL TALK 1 지난주에 모임을 했던 친구와의 대화

Seems like* you had a lot of fun with your friends last weekend.

너 지난 주말에 친구들이랑 엄청 재미있게 논 것 같더라.

It was great! I wish we could get together more often.

너무 재미있었어! 좀 더 자주 모일 수 있으면 좋으련만.

SMALL TALK 2 남자 친구를 사귀기 시작한 친구와의 대화

How did your date go last night?

어젯밤 데이트는 어땠어?

It was actually a lot of fun.

너무 즐거웠어.

Oh, really? What did you do?

정말? 뭐 했는데?

He took me go-kart riding, and I won the race!

나를 고카트 타는 데 데려갔는데, 내가 경주에서 이겼어!

Good to Know

* look forward to + (동)명사: 예정되어 있는 것이 '너무 기대되고 기다려진다'라는 의미를 나타내며, can't wait보다 좀 더 점잖은 표현입니다.
* (It) seems like + 주어 + 동사: '전반적인 상황으로 미루어 볼 때 ~인 것 같다'라는 의미입니다. 구어체에서는 It을 생략하기도 합니다.

You're wearing a tie. What's the occasion?

넥타이를 했네요. 무슨 일 있어요?

김재우의 영어관찰일기

occasion은 '특정한 때'나 '특별한 행사'를 가리키는 말입니다. 대표 문장과 같이 평소에 넥타이를 잘 하지 않던 직장 동료가 넥타이를 한 것을 보고 '무슨 일 있어요?'라고 할 때 What's the occasion?이라고 합니다. '특별한 일이 있을 때', '특별한 경우에'라는 말은 on special occasions라고 하며, '특별한 날[경우]을 위해서'라고 할 때는 for a special occasion이라고 하면 됩니다.

MODEL EXAMPLES

1 You're all dressed up*! What's the occasion?
쫙 빼입었네! 무슨 일이야?

2 I never wear that suit, except for special occasions.
난 특별한 경우 빼고는 그 정장은 절대 안 입어.

3 I only wear a watch on special occasions.
난 특별한 일이 있을 때만 시계를 착용해.

4 I have been saving* this champagne for a special occasion.
특별한 날을 위해 이 샴페인을 안 마시고 계속 아껴 두고 있단다.

SMALL TALK 1 회식 중인 팀장과 팀원의 대화

I didn't know you drink, Peter.

피터, 자네가 술 마시는 줄은 몰랐네.

I only drink **on special occasions**.

특별한 일이 있을 때만 마시거든요.

SMALL TALK 2 이웃에 사는 주민 사이의 대화

Wow, those are beautiful flowers, Maria.

우와, 저 꽃 너무 예쁘네요, 마리아.

Thank you! My husband sent them to me.

고마워요! 남편이 보내 줬어요.

So sweet. **What's the occasion?**

너무 다정하시다. 특별한 날인 거예요?

The card says, "Just because." I almost cried.

카드에 보니까 '그냥'이라고 적혀 있어요. 울 뻔했다니까요.

Good to Know

* dressed up: '옷을 갖추어 입은, 잘 차려입은'이라는 의미의 관용 표현입니다.
* save: '~을 위해 아껴 두다, 남겨 두다'라는 의미로, Save some for me.(내가 먹을 건 남겨 둬.)와 같이 표현할 수 있습니다.

My husband has a short temper*.

제 남편은 다혈질이에요.

김재우의 영어관찰일기

사람이나 사물의 특징을 묘사할 때는 동사 have/has를 써서 「사람/사물 주어+have/has ~」로 표현하면 자연스러운 원어민식 영어가 됩니다. What does she look like?(그녀는 어떻게 생겼어요?)라고 물으면 본능적으로 She has ~라는 문형으로 답할 수 있도록 연습하세요.

MODEL EXAMPLES

1 Sally has long, curly hair.
샐리의 머리는 긴 곱슬이에요.

2 Samantha has beautiful, green eyes.
사만다의 눈은 아름다운 녹색이에요.

3 My apartment complex doesn't have a gym.
저희 아파트 단지에는 헬스장이 없어요.

4 All the suites in this hotel have a great view.
이 호텔의 모든 스위트룸은 전망이 정말 좋아요.

SMALL TALK 1 노래방에서 친구와의 대화

Wow, Steve, you have a good voice.

우와, 스티브, 너 목소리 좋다.

Thank you. Singing runs in my family*.

고마워. 우리 가족은 다들 노래를 잘하거든.

SMALL TALK 2 소개팅을 하고 온 딸이 엄마와 나누는 대화

So what does he look like?

그래서 그 남자 어떻게 생겼는데?

He has short, dark hair.

짧고 검은 머리예요.

I hope he doesn't have any tattoos.

문신은 없으면 좋겠는데.(설마 문신은 없겠지?)

I'm not sure about that yet, Mom.

그건 아직 잘 모르겠어요, 엄마.

Good to Know

* short temper: 어떤 사람이 '쉽게 화를 낸다, 다혈질이다'라고 할 때는 「사람 주어+have/has a short temper」 또는 「사람 주어+be동사+short-tempered」로 표현합니다.
* run in one's[the] family: '(자질·특징이) 유전이다, 집안 내력이다'라는 뜻의 관용 표현입니다.

I had a rough week.

이번 한 주는 정신없었어요.

김재우의 영어관찰일기

How was your honeymoon?(신혼여행 어땠어요?)이라는 질문을 받으면 다수의 한국인이 대부분 It was great.라고 답하는 반면, 원어민들은 I/We had a great honeymoon. 같은 표현을 많이 씁니다. 이렇게 「사람 주어+had+형용사+기간」을 이용해 특정 기간을 어떻게 보냈는지 말할 수 있는데, 원어민들이 정말 많이 쓰는 구문입니다. 단어와 표현을 익히는 것 못지 않게, 원어민들이 자주 사용하는 문형에 익숙해지는 것 역시 매우 중요합니다.

MODEL EXAMPLES

1 **I had a busy holiday.**

연휴 때 바빴어요.

2 **I had a tough day at work.**

오늘 회사에서 힘들었어요.

3 **I hope you had a relaxing weekend.**

편안한 주말 보내셨기를 바랍니다.(주말은 편안하게 보내셨죠?)

4 **I had an uneventful* semester.**

이번 학기는 조용히 보냈어요.

SMALL TALK 1 서울에 온 지 얼마 안 된 외국인과의 대화

How was your first week in Seoul?
서울에서의 첫 주는 어땠어요?

I had a tough first week. I got homesick right away, but I think I'm OK now.
첫 주는 힘들었어요. 오자마자 집이 그리워졌는데 지금은 괜찮아요.

SMALL TALK 2 설 연휴에 관한 친구 사이의 대화

How was your Lunar New Year's holiday?
설 연휴는 어땠니?

We had a busy holiday. We cooked for three days straight*.
연휴를 바쁘게 보냈어. 3일 연속 음식 준비를 했거든.

That's crazy. Your mother-in-law must be strict.
말도 안 돼. 시어머님이 엄격하신 모양이구나.

It wasn't that bad. I don't mind cooking.
근데 나는 그렇게 나쁘지는 않았어. 난 음식 만드는 거 괜찮아.

Good to Know

* uneventful: 별일 없는, 조용한
* straight: 숫자와 함께 쓰여 '연속해서, 연속적으로'라는 의미입니다.

I don't go to that café. They don't have Wi-Fi.

저는 그 카페는 안 가요. 와이파이가 안 되거든요.

김재우의 영어관찰일기

원어민들과 대화하다 보면 백화점, 식당, 카페, 회사, 지역, 동네, 국가 등을 모두 they로 지칭해서 표현하는 것을 볼 수 있습니다. 문법적으로 따지면 특정 백화점을 가리키는 것이니 it으로 표현해야 한다고 생각할 수 있지만, 실제로는 거의 대부분 they로 표현합니다.

MODEL EXAMPLES

1 You have to try this place. They have the best fried chicken.
이 가게 꼭 가 봐. 이 집 프라이드치킨이 최고거든.

2 Have you been to IKEA? They have a lot of decent* furniture.
이케아 가 봤니? 쓸 만한 가구가 많아.

3 This restaurant is good, but they don't have anything vegan*.
이 식당 괜찮아. 근데 비건을 위한 음식이 없어.

4 They have offices in Chicago, New York, and Houston.
그 회사는 시카고, 뉴욕, 휴스턴에 사무실이 있어요.

SMALL TALK ① 패스트푸드 체인에 관한 친구 사이의 대화

I tried In-N-Out while I was in Los Angeles.
LA 갔을 때 인앤아웃 가 봤어.

Nice. I heard they have a secret menu. Did you try anything from it?
잘했네. 시크릿 메뉴가 있다던데. 먹어 본 거야?

SMALL TALK ② 카페에 관한 친구 사이의 대화

Do you know any good cafés around here?
이 근처에 괜찮은 카페 아는 데 있어?

No, but this one on Naver Map has 5 stars.
아니, 그런데 네이버 지도에 나오는 이 카페가 별이 다섯 개네.

Cool. What time do they close?
좋네. 거기는 몇 시에 닫아?

They close at 8 p.m. Let's try it.
저녁 8시에 닫네. 가 보자.

Good to Know

* decent: '꽤 괜찮은, 이만하면 쓸 만한'의 어감을 지닌 형용사입니다.
* anything vegan: 여기에서는 비건(채식주의) 음식을 의미하며, vegan이 형용사로 쓰여 비건 속성을 가진 것을 설명하는 역할을 합니다.

DAY 29 ask for를 이용해 요청/부탁하기

I asked for a window seat.

(식당 예약을 한 상황) 창가 자리를 달라고 했습니다.

김재우의 영어관찰일기

「ask for+명사」 또는 「ask+사람+for+명사」는 '~을 요청[부탁]하다' 또는 '~에게 …을 요청[부탁]하다'라는 말을 할 때 유용한 표현입니다. You can always ask me for help.라고 하면 '언제든 나에게 도움을 요청해도 돼.'라는 말입니다. 만일 서로 다투는 상황에서 상대방에게 I didn't ask for your advice.라고 한다면 '누가 조언해 달라고 했어?'라는 의미입니다.

MODEL EXAMPLES

1 A: Did you **ask for** extra pickles? B: No, I forgot!

(배달 주문을 한 상황) A: 피클 좀 더 달라고 했어? B: 아니, 깜박했어!

2 I always **ask for** extra tomato sauce on my pizza.

나는 늘 피자에 토마토 소스를 더 뿌려 달라고 해.

3 I need to **ask my boss for** a vacation day next Friday.

상사에게 다음 주 금요일 휴가 요청을 해야겠어.

4 May I **ask you for** a Coke, please?

콜라 한 잔 부탁드려도 될까요?

SMALL TALK ❶ 미국 이민을 앞둔 친구와의 대화

Mina's been living in Texas for over 10 years.

미나가 텍사스에 10년 넘게 살고 있잖아.

I should **ask her for** some tips about living in America.

그럼 미국 생활에 대해 미나에게 조언을 구해야겠어.

SMALL TALK ❷ 호텔에서 고객과 직원 사이의 대화

My room is really noisy. We **asked for** a quiet floor.

방이 너무 시끄럽습니다. 조용한 층(방)으로 달라고 했는데요.

I'm so sorry, Sir. Let me try to put you in a quieter room.

죄송합니다, 고객님. 좀 더 조용한 방으로 드릴게요.

Thank you. It sounds like they're having a party.

감사합니다. 파티를 하나 봐요.

Our apologies.* Our penthouse is available and we'd like to upgrade you.

죄송합니다. 펜트하우스 객실이 빈 곳이 있으니 업그레이드해 드리겠습니다.

Good to Know

* Our apologies.: '정중하게 사과드립니다.'라는 의미로 굳어진 관용 표현입니다.

I studied math in undergrad.

학부 때 수학을 전공했습니다.

김재우의 영어관찰일기

'~을 전공하다'라고 할 때 일상대화에서는 study로 표현하는 경우가 대부분입니다. major in이 '~을 전공하다'에 정확히 대응하는 표현이지만, 적어도 구어체 영어에서는 study라는 좀 더 포괄적인 동사를 사용하는 것이 더 좋습니다. 참고로 study는 '~을 전공하다'라는 뜻으로 쓰이기도 하지만, 꼭 전공하지 않더라도 대학 시절 어떤 과목의 수업을 들었다고 할 때도 쓸 수 있다는 점도 기억하세요.

MODEL EXAMPLES

1 We both studied medicine.

우리 둘 다 의학을 전공했습니다.

2 I went to college in Sydney and studied computer science.

저는 시드니에 있는 대학에 다녔고 컴퓨터 공학을 전공했습니다.

3 My uncle studied law, but he never became a lawyer.

저희 삼촌은 법을 전공했지만, 변호사가 되지는 못했습니다.

4 I studied urban planning, but I ended up getting a job in another field.

저는 도시 계획을 전공했지만, 결국 다른 분야에서 일자리를 구했답니다.

SMALL TALK ❶ 전공에 대한 친구 사이의 대화

You went to university in Canada?

캐나다에서 대학교 다녔다면서?

Yeah. It was a good place to study environmental science.

응. 환경 과학을 전공하기 좋은 학교였지.

SMALL TALK ❷ 친구에게 동생을 소개해 주려는 상황에서의 대화

I think you and my sister would* have a lot in common*.

너랑 내 여동생이 잘 맞을 것 같아.

Really? What makes you say that?

정말? 왜 그렇게 생각하는 건데?

You both studied art history.

둘 다 미술사를 전공했잖아.

Awesome. I'd love to meet her sometime.

멋진걸. 언제 여동생 꼭 한번 만나 보고 싶네.

Good to Know

* would: 여기에서는 가정을 나타내는 조동사로 '(~하면) …할 것이다'라는 의미입니다.
* have in common: 여기에서는 맥락상 '잘 맞다'라는 의미입니다.

REVIEW TEST DAY 21~30

21 My husband is always ______________.

제 남편은 늘 일하느라 바빠요.

22 I'm ______________ now.

임신 3개월째예요.

23 Good food puts me ______________.

좋은 음식을 먹으면 기분이 좋아져요.

24 It was ______________ last night.

어젯밤에 정말 즐거웠어요.

25 You're wearing a tie. ______________?

넥타이를 했네요. 무슨 일 있어요?

26 My husband ______________.

제 남편은 다혈질이에요.

27 I ______________.

이번 한 주는 정신없었어요.

28 I don't go to that café. ______________ don't have Wi-Fi.

저는 그 카페는 안 가요. 와이파이가 안 되거든요.

29 I ______________ a window seat.

창가 자리를 달라고 했습니다.

30 I ______________ math in undergrad.

학부 때 수학을 전공했습니다.

정답 | **21** busy working **22** three months pregnant **23** in a good mood **24** a lot of fun **25** What's the occasion **26** has a short temper **27** had a rough week **28** They **29** asked for **30** studied

DAY 31~40

DAY 31 **How did your blind date go?**
소개팅은 어땠어요?

DAY 32 **This watch goes well with every outfit.**
이 시계는 어떤 복장과도 잘 맞습니다.

DAY 33 **Yesterday we went bowling and had such a blast.**
어제 볼링 치러 갔는데 너무 즐거웠어요.

DAY 34 **We can't afford private school.**
(아이를) 사립 학교에 보낼 형편이 안 됩니다.

DAY 35 **My app says it's 8 degrees out.**
앱에는 바깥이 8도라고 되어 있어요.

DAY 36 **Mexican-Indian food? Sounds amazing!**
멕시코 인도 퓨전 음식이라고요? 너무 좋은데요!

DAY 37 **Care to join us for a run?**
우리랑 같이 조깅하러 갈래요?

DAY 38 **I take the subway to work.**
저는 지하철로 출근합니다.

DAY 39 **I need to go now if I want to catch my train.**
기차 안 놓치려면 지금 가야 해요.

DAY 40 **These days, I'm taking a yoga class.**
요즘 요가 수업을 듣고 있어요.

How did your blind date go?

소개팅은 어땠어요?

김재우의 영어관찰일기

결혼식, 여행, 인터뷰, 데이트, 모임, 수술, 각종 행사 등이 '어떻게 (진행)되었는지' 물을 때는 How was it? 또는 How did it go?로 표현할 수 있으며, it 대신 다양한 명사가 올 수 있습니다. 오늘은 「How did it/명사+go?」 구문에 대해 학습하겠습니다. 이때의 go는 일이나 상황이 '~하게 진행[전개]되다'라는 의미입니다. '소개팅은 어땠어요?'라고 한다면 How did your blind date go?로 표현할 수 있습니다.

MODEL EXAMPLES

1 A: How did your brother's wedding go?
남동생 결혼식은 어땠어?

B: It went well even though it rained.
비가 오긴 했지만 잘 했어.

2 A: How did your job interview go?
면접은 어땠어?

B: Not bad. I feel good about it.
나쁘지 않았어. 느낌이 좋아.

SMALL TALK ❶ 장인 장모님과 저녁식사를 한 친구와의 대화

How did your dinner with the in-laws* go?

장인 장모님과의 저녁식사는 어땠어?

I was nervous at first, but it went OK.

처음에는 긴장이 되었지만, 괜찮았어.

SMALL TALK ❷ 고향 LA에 다녀온 친구와의 대화

Hey, Andrew, it's been a while. How are you?

안녕, 앤드루, 한참 만에 본다. 잘 지내?

I'm great. I just got back from a trip to Los Angeles.

잘 지내. 얼마 전에 LA 다녀왔어.

Wow, how did it go?

우와, 어땠어?

It was wonderful to visit my family, but driving in LA was so tiring*.

가족들 보니 좋았어. 그런데 LA에서 운전하는 건 정말 피곤하더라.

Good to Know

* in-laws: 법적으로 맺어진 가족 관계를 나타낼 때 사용하며, 특히 시부모나 장인 장모를 나타냅니다.
* tiring: (사람을) 피곤하게 만드는, 지치게 하는

This watch goes well with every outfit*.

이 시계는 어떤 복장과도 잘 맞습니다.

김재우의 영어관찰일기

'A가 B와 잘 어울린다[찰떡이다]'라고 할 때는 A go well[great] with B로 표현합니다. MODEL EXAMPLES 1번과 4번 예문과 같이 A and B를 주어로 하여 A and B go well together로 표현할 수도 있습니다. 서로 잘 맞는 음식이나 잘 어울리는 패션 아이템 등을 나타낼 때 많이 쓰입니다. 한번 익혀 두면 두고두고 쓸 수 있는 매우 유용한 표현입니다.

MODEL EXAMPLES

1 Fruit and cheese **go well together.**
과일과 치즈는 궁합이 잘 맞는다.

2 Do you think these earrings **go well with** this outfit?
이 귀걸이가 이 옷이랑 잘 어울리는 것 같아?

3 Round frames **go well with** any face shape.
둥근 모양의 프레임은 어떤 얼굴형과도 잘 어울립니다.

4 Hot weather and horror movies **go well together.**
더운 날씨랑 공포 영화는 찰떡이다.

SMALL TALK 1 와인바에서 직원과 손님의 대화

Could you recommend a wine for us?

저희가 마실 와인 추천 부탁드려도 될까요?

Sure. A dry white wine **goes great with** fish.

물론이죠. 드라이한 화이트 와인은 생선이랑 찰떡입니다.

SMALL TALK 2 시계 매장에서 직원과 손님의 대화

Should I get the gold or silver watch?

금 시계로 해야 할까요, 은 시계로 해야 할까요?

Most people prefer silver.

대부분 은을 선호합니다.

Really? Why is that?

정말요? 왜요?

Because silver **goes well with** any outfit.

은은 어떤 복장과도 잘 맞거든요.

Good to Know

* outfit: '옷, 복장'을 의미하며 옷을 비롯해 안경, 모자, 액세서리, 신발 모두를 지칭하는 표현입니다. 참고로 OOTD(Outfit Of The Day: 오늘의 패션)라는 표현도 알아두세요.

Yesterday we went bowling and had such a blast*.

어제 볼링 치러 갔는데 너무 즐거웠어요.

김재우의 영어관찰일기

'몸을 움직이는 활동적인 행위를 하러 가다'라는 말은 go -ing로 표현합니다. 쇼핑, 등산, 캠핑, 관광, 낚시, 볼링 등을 하러 간다고 할 때 go shopping, go hiking, go camping, go sightseeing, go fishing, go bowling 등과 같이 표현하면 자연스러운 원어민식 영어가 된답니다.

MODEL EXAMPLES

1 I live in Yangyang now, so I go surfing every morning.
제가 지금은 양양에 살아서 매일 아침 서핑하러 갑니다.

2 My boyfriend didn't want to go skydiving with me.
남자 친구가 저와 같이 스카이다이빙 가기 싫대요.

3 I am planning on going hiking this Sunday. Wanna join me?
이번 주 일요일에 등산 갈 생각이야. 같이 갈래?

4 My family likes to go camping every autumn.
저희 가족은 가을이면 캠핑을 즐겨 합니다.

SMALL TALK 1 같은 아파트에 사는 주민 사이의 대화

What are you doing this weekend?
이번 주말에 뭐 해요?

I'm supposed to go fishing with my husband.
남편이랑 낚시 가기로 되어 있어요.

SMALL TALK 2 여름휴가 계획에 관한 부부 사이의 대화

We should do something this summer.
이번 여름에 뭔가를 해야 하는데.

How about we go camping in Yangyang?
양양으로 캠핑 가는 건 어떨까?

Camping isn't really my thing*.
난 캠핑 별로인데.

But you love the beach. I promise you'll have fun.
그래도 당신 해변은 좋아하잖아. 틀림없이 재미있을 거야.

Good to Know

* have a blast: '즐거운 시간을 보내다, 재미있게 놀다'라는 의미의 관용 표현입니다.
* 주어+isn't/aren't really my thing: '~은 내 취향이 아니다'라는 관용 표현으로 중간에 really를 넣어서 표현하는 경우가 대부분입니다.

We can't afford private school.

(아이를) 사립 학교에 보낼 형편이 안 됩니다.

김재우의 영어관찰일기

afford는 '경제적으로 ~을 할 수 있는 여력[형편]이 되다'라는 뜻의 동사입니다. 「afford + 명사」나 「afford + to부정사」의 형태로 쓰이며 can 또는 can't와 함께 긍정문과 부정문으로 모두 자주 사용됩니다. 오늘의 대표 문장인 We can't afford private school.은 넷플릭스 드라마인 〈영 셸든〉에서 주인공의 엄마가 교장 선생님에게 하는 말로, 아이를 사립 학교에 보낼 여력이 안 된다는 의미입니다.

MODEL EXAMPLES

1 We can't afford a new house.
우리는 새 집을 살 형편이 안 돼.

2 We can't afford a dining room table, let alone* a wedding.
저희는 결혼식은 고사하고 주방 테이블 살 돈도 없습니다.

3 Few people can afford an imported car.
수입 차를 살 수 있는 사람은 많지 않다.

4 I can't afford to go to my sister's wedding in Singapore.
싱가포르에서 하는 여동생 결혼식에 갈 형편이 (경제적으로) 안 된다.

SMALL TALK 1 고가 자전거 애호가인 남편과 아내의 대화

This bike is only ten grand*. Can I buy it?

이 자전거는 만 달러밖에 안 하네. 사도 될까?

Are you serious? We **can't afford a ten thousand dollar bike**!

진심이야? 우리가 만 달러짜리 자전거를 살 형편은 안 되잖아!

SMALL TALK 2 명품 가방에 관한 친구 사이의 대화

Mina, how **can** you **afford to buy** all these designer bags?

미나야, 도대체 어떻게 이 많은 명품 가방을 살 수 있는 거니?

My boyfriend buys them for me.

남자 친구가 사 줘.

Wow, what does he do for work?

우와, 남자 친구 직업이 뭔데?

I'm not sure, but something related to finance.

잘은 모르겠는데, 금융 쪽 관련인가 봐.

Good to Know

* let alone: 부정문에서 쓰여 '~는 말할 것도 없고'라는 의미입니다.
* grand: 천(1,000) 달러

My app says it's 8 degrees out.

앱에는 바깥이 8도라고 되어 있어요.

김재우의 영어관찰일기

say라는 동사는 흥미롭습니다. 주로 사람을 주어로 해서 '~을 말하다'라는 의미로 쓰이지만, 사물과 상황이 주어로 오기도 하지요. 우리말로 어디에 '~이라고 적혀 있다'라고 할 때 say를 자주 씁니다. 예를 들면, '표지판을 보니 그 가게가 오늘은 영업 안 한다고 적혀 있다.'라고 할 경우 원어민들은 The sign says they are closed today.라고 한답니다. 꼭 기억해 두세요.

MODEL EXAMPLES

1 That lady's shirt says, "I hate Mondays."

그 여자분 셔츠에 '나는 월요일이 너무 싫어.'라고 적혀 있어.

2 The map says we're only 500 meters away⁺.

지도에는 500미터밖에 안 남은 걸로 나오네.

3 What does it say on the cover?

표지에 뭐라고 쓰여 있어?

4 The menu says they give you dessert for free on your birthday.

메뉴판에 보면 생일에는 디저트를 공짜로 준대.

SMALL TALK 1 주차 공간을 찾고 있는 부부의 대화

That guy is leaving. I'll park there.

저 사람 나가네. 저기 주차해야겠다.

Are you sure? The sign says, "NO PARKING."

정말? 표지판에 '주차 금지'라고 쓰여 있잖아.

SMALL TALK 2 영업일에 관한 카페 주인과 손님의 대화

I tried to come here yesterday, but you were closed.

어제 여기 오려고 했는데, 문이 닫혀 있었어요.

Oh, right. I've heard that from a few customers.

아, 맞아요. 다른 손님 몇 분도 그러셨다고 하더라고요.

But your Instagram says you're open* on Mondays.

그런데 카페 인스타그램에는 월요일에 영업한다고 적혀 있는데요.

Yesterday was my dog's birthday, so we closed early.

어제는 저희 집 강아지 생일이라 일찍 문을 닫았어요.

Good to Know

* 숫자 + away: '거리나 시간이 ~만큼 남았다'라고 할 때 쓰는 관용 표현입니다.
* open: '영업을 한다'라고 할 때는 open을 형용사로 써서 be open으로 표현합니다. 다만 '(몇 시에) 문을 연다'라고 할 때는 open을 동사로 표현합니다.

Mexican-Indian food? Sounds amazing!

멕시코 인도 퓨전 음식이라고요? 너무 좋은데요!

김재우의 영어관찰일기

feel, look, taste, sound 등을 감각동사라고 하지요. 이 중에서 청각에 해당하는 「sound + 형용사」 문형을 살펴보겠습니다. 상대의 제안 등에 적극 찬성할 때 That sounds perfect.라고 하면 간결한 원어민식 표현이 됩니다. 수많은 학습자가 That is perfect.나 That is fun.처럼 be동사로만 찬성을 표현합니다. 물론 틀린 건 아니지만, 이럴 땐 sound가 제격이라는 점을 꼭 기억합시다.

MODEL EXAMPLES

1 She said it was fun, but it sounds boring to me.
그녀는 재미있었다고 하는데 난 지루하게 들려.

2 That sounds delicious. I like sweet and salty foods.
너무 맛있겠다. 나 달고 짠 음식 좋아하거든.

3 Did you really say that? That sounds pretty rude.
너 지금 진짜 그렇게 말한 거지? 좀 무례하다.

4 You drove to Busan? That sounds exhausting*.
부산까지 운전해서 갔다고? 진짜 힘들었겠다.

SMALL TALK 1 전화 통화 중인 연인 사이의 대화

You **sound upset**. Are you OK?

너 화난 것 같아. 괜찮아?

I'm OK, but something happened at work today.

괜찮아. 근데 오늘 회사에서 일이 좀 있었어.

SMALL TALK 2 음식에 관한 친구 사이의 대화

Have you ever dipped your french fries in a milk shake?

감자튀김을 밀크셰이크에 찍어 먹어 봤어?

No way.* That **sounds disgusting**.

말도 안 돼. 너무 이상할 거 같아.

Just try it. I'm sure you'll like it.

한번 해 봐. 틀림없이 좋아할걸.

I'm sure I won't!

아닐걸!

Good to Know

* exhausting: '(사람을) 매우 지치게 하는[만드는]'이라는 뜻입니다. '(사람이) 지친, 녹초가 된'이라는 뜻은 exhausted로 표현합니다.
* No way.: 상대의 말을 믿을 수 없거나 부정할 때 쓰이며 '말도 안 돼.', '그럴 리가.', '절대.' 등으로 해석합니다.

Care to* join us for a run?

우리랑 같이 조깅하러 갈래요?

김재우의 영어관찰일기

「join + 사람 + for + 행위」는 누가 어떤 행위를 하기로 되어 있는 상황에서 '합류하다, 함께하다'라는 말입니다. '우리 저녁 먹을 건데 너도 같이 할래?'라고 제안할 때는 **Will you join us for dinner?**로 표현합니다. 자전거 동호회 회원들에게 '저도 언제 같이 자전거를 타고 싶네요.'라고 하려면 **I'd love to join you for a bike ride sometime.**이라고 하면 됩니다.

MODEL EXAMPLES

1 Would you like to **join us for coffee**?
저희랑 같이 커피 하시겠어요?

2 I'm afraid I can't **join you for drinks**.
미안한데 같이 술 마시러 못 갈 것 같아요.

3 I can't **join you for the business trip**.
(팀장이 팀원에게) 이번 출장은 같이 못 가네.

4 Can my brother **join us for lunch** today?
오늘 점심에 제 동생도 같이 가도 되나요?

SMALL TALK 1 등산 약속에 관한 친구 사이의 대화

Can your wife **join us for hiking** on Saturday?

네 아내도 토요일에 우리랑 같이 등산 갈 수 있을까?

No, she already has plans this weekend.

아니, 아내가 이번 주말에는 일정이 있어.

SMALL TALK 2 회의 후 식사에 대한 회사 동료 사이의 대화

I'll see you at the meeting on Monday.

월요일 회의 때 봅시다.

Yes, but I can't **join you all for dinner** after the meeting.

네, 근데 회의 마치고 저녁은 같이 못 해요.

That's too bad. We're going to a steakhouse.

너무 아쉽네요. 우리 스테이크 식당에 가는데.

I'm sure it'll be great, but my parents are visiting.

정말 맛있겠네요. 근데 저희 부모님이 오시기로 해서요.

Good to Know

* Care + to부정사?: '~하고 싶어?, ~할 생각 있니?, ~하실래요?'에 해당하는 표현으로 Want + to부정사~?와 비슷하지만, 약간 더 예의를 갖추어 말하는 느낌을 줍니다.

I take the subway to work.

저는 지하철로 출근합니다.

김재우의 영어관찰일기

교통수단은 전치사를 이용하여 by bus, by subway, by plane, on foot 등으로 표현한다고 배운 적이 있으실 겁니다. 하지만 원어민들의 일상 대화에서는 교통수단을 매우 강조하거나 교통수단을 비교하는 경우가 아니라면 「전치사+교통수단」보다는 동사(drive, walk, take, fly 등)로 교통수단이나 이동 방법을 표현하는 것이 더 자연스럽게 들립니다. 예를 들어 '나는 차를 운전해서 출근한다.'라는 말은 I drive to work.라고 표현합니다.

MODEL EXAMPLES

1 I ride a bike to work every Friday.
저는 매주 금요일은 자전거 타고 출근합니다.

2 Nowadays I am taking the bus.
(예전에는 제 차로 다녔지만) 요새는 버스로 다니고 있습니다.

3 It's cheaper to fly to Busan than take KTX.
부산까지는 KTX보다는 비행기를 타는 게 더 저렴해요.

4 I used to walk to school up until 6th grade.
저는 6학년 때까지는 걸어서 등교를 했어요.

SMALL TALK ❶ 출퇴근 교통수단에 대한 친구 사이의 대화

Gas is too expensive for me to drive.

휘발유가 너무 비싸서 차 가지고 다니기 힘들어.

That makes two of us.* I actually started walking, instead.

누가 아니래. 난 차로 다니는 대신 걸어다니기 시작했어.

SMALL TALK ❷ 미국인과 한국인 친구 사이의 대화

You're going to visit family in LA next month, right?

다음 달에 가족들 보러 LA에 가는 거지?

Yeah, it's going to be a busy trip.

응, 바쁜 여행이 될 거야.

How long does it take to fly there, by the way?

그나저나 LA까지는 비행기로 얼마나 걸려?

It takes about 12 hours.

한 12시간 정도 걸려.

Good to Know

* That makes two of us.: '나도 같은 생각이야.', '나도 마찬가지야.'라는 의미로 상대의 말에 맞장구치는 관용 표현입니다.

I need to go now if I want to catch my train.

기차 안 놓치려면 지금 가야 해요.

김재우의 영어관찰일기

일반적으로 '교통수단을 타다, 이용하다'라고 할 때는 「take + 교통수단」으로 표현합니다. 하지만 '열차, 비행기, 버스 등을 놓치지 않고 타다'라는 어감을 전달하려면 동사 catch로 표현합니다. 카페에서 여럿이 수다를 떨다가 한 사람이 자리에서 일어나면서 I need to catch the 12:30 bus.(12시 반 버스 타야 해.)라고 말하는 상황을 종종 볼 수 있죠.

MODEL EXAMPLES

1 We caught the train just in time*.
우리는 아슬아슬하게 기차를 탔다.

2 Sorry, I can't talk. I'm in a rush to catch the bus.
미안한데, 지금은 이야기하기 힘들어. 버스 타려면 서둘러야 해서.

3 If I don't leave now, I won't be able to catch the last train.
지금 출발하지 않으면 마지막 기차를 놓쳐.

4 Let's try and catch the bus instead of taking a taxi.
(밤늦게 이동하면서) 택시를 타는 대신 어떻게든 버스를 한번 타 보자.

SMALL TALK ① 오디션을 앞둔 친구와의 대화

Hey, Hailey. What time is your audition?

안녕, 헤일리. 오디션이 몇 시야?

It is at 2 p.m. today, so I've got to catch the 12:30 bus.

오늘 오후 2시야. 그래서 12시 30분 버스를 타야 해.

SMALL TALK ② 해외여행을 위해 공항으로 가야 하는 상황

Honey, shouldn't we start heading to the airport?

여보, 우리 공항으로 출발해야 하지 않아?

Just give me a few more minutes.

몇 분만 더 줘.

But I'm worried we won't be able to catch our flight.

근데 비행기 놓칠까 봐 걱정이야.

Don't worry. We still have plenty of time*!

걱정 마. 시간 충분해!

Good to Know

* just in time: '시간에 딱 맞춰서'라는 의미의 관용 표현입니다.
* plenty of time: '충분한 시간, 넉넉한 시간'이라는 뜻입니다. plenty of는 '~을 하기에 충분히 넉넉한 수나 양'을 가리키는 표현입니다.

These days, I'm taking a yoga class.

요즘 요가 수업을 듣고 있어요.

김재우의 영어관찰일기

'수업을 듣다'는 take a class일까요, attend a class일까요? 둘 다 맞는 표현이지만 의미 차이가 있습니다. attend는 '출석하다', 즉 물리적으로 참석하는 것을 의미하는 반면, take는 수업을 듣는 행위에 초점을 둡니다. 따라서 '요즘 요가 수업을 듣고 있다'라고 말하려면 attend a yoga class보다 take a yoga class를 쓰는 것이 더 적합하답니다.

MODEL EXAMPLES

1 I'm taking a Pilates class on Saturday mornings.
저는 토요일 아침마다 필라테스 수업을 듣습니다.

2 I want to take tennis lessons.
테니스 수업을 듣고 싶어요.

3 I took a Japanese class in high school.
고등학교 때 일본어 수업을 들었어요.

4 I come all the way to Gangnam just to take this class.
단지 이 수업을 들으려고 강남까지 갑니다.

SMALL TALK 1 노래 실력을 칭찬하는 대화

That's a hard song to pull off*. You sounded amazing.

그 노래 부르기 힘든데. 정말 잘 불렀어.

Thanks. I am actually taking voice lessons these days.

고마워. 사실 요즘 보이스 트레이닝 수업을 듣고 있어.

SMALL TALK 2 방학을 앞둔 교사들 사이의 대화

Any plans for winter vacation?

겨울 방학 때 계획 있으세요?

Yes, I'm taking a baking class in January.

네, 1월에 베이킹 수업 들어요.

That sounds fun. How long is the class?

재미있겠네요. 수업 기간은 얼마나 돼요?

It's a 2-week class.

2주짜리 수업이에요.

Good to Know

* pull off: '세게 잡아당겨서 떼다'라는 의미가 확장되어 여기에서는 '힘든[쉽지 않은] 것을 해내다'라는 의미의 구동사입니다.

REVIEW TEST DAY 31~40

31 ______ did your blind date ______?

소개팅은 어땠어요?

32 This watch ______ every outfit.

이 시계는 어떤 복장과도 잘 맞습니다.

33 Yesterday we ______ and had such a blast.

어제 볼링 치러 갔는데 너무 즐거웠어요.

34 We ______ private school.

(아이를) 사립 학교에 보낼 형편이 안 됩니다.

35 My app ______ it's 8 degrees out.

앱에는 바깥이 8도라고 되어 있어요.

36 Mexican-Indian food? ______ amazing!

멕시코 인도 퓨전 음식이라고요? 너무 좋은데요!

37 Care to ______ a run?

우리랑 같이 조깅하러 갈래요?

38 I ______ to work.

저는 지하철로 출근합니다

39 I need to go now if I want to ______ my train.

기차 안 놓치려면 지금 가야 해요.

40 These days, ______ a yoga class.

요즘 요가 수업을 듣고 있어요.

정답 | **31** How / go **32** goes well with **33** went bowling **34** can't afford **35** says **36** Sounds **37** join us for **38** take the subway **39** catch **40** I'm taking

DAY 41~50

DAY 41 **How long does it take for you to commute to work?**
출퇴근하는 데 얼마나 걸려요?

DAY 42 **I spend four hours commuting to work.**
저는 출퇴근하는 데 4시간을 보냅니다.

DAY 43 **What brings you to Korea?**
한국에는 어떤 일로 오셨어요?

DAY 44 **Where are you headed, sir?**
손님, 어디로 가시나요?

DAY 45 **Try this stretch if you have back pain.**
허리가 아프면 이 스트레칭을 한번 해 보세요.

DAY 46 **How much does it cost to raise a child?**
아이 한 명 키우는 데 얼마나 드나요?

DAY 47 **I can't stand rush hour traffic.**
출퇴근 시간대의 교통 혼잡은 못 참겠어요.

DAY 48 **I quit Instagram a long time ago.**
한참 전에 인스타그램 끊었어요.

DAY 49 **Do you want me to come over to your place?**
제가 당신 집으로 갈까요?

DAY 50 **They said they are fully booked for tonight.**
오늘 밤은 예약이 다 찼대요.

DAY 41 동사 take로 소요 시간 표현하기

How long does it take for you to commute to work?

출퇴근하는 데 얼마나 걸려요?

김재우의 영어관찰일기

'~하는 데 시간이 얼마나 걸리니?'라고 물을 때는 동사 take를 이용하여 「How long does it take (for + 사람) + to부정사?」의 형태로 씁니다. 답할 때는 「It takes + 시간 + (for + 사람) + to부정사」라고 하면 됩니다. 과거 시제로는 How long did it take?라고 묻고 「It took + (사람) + 시간 + to부정사」로 답합니다.

MODEL EXAMPLES

1 **How long does it take to walk** to the subway station from your place?
너의 집에서 지하철역까지 걸어서 얼마나 걸려?

2 **How long did it take to get** to your current level?
(한국어가 유창한 외국인에게 하는 말) 지금 수준에 도달하는 데 얼마나 걸렸나요?

3 It usually **takes 30 minutes to wash** my car.
보통은 세차하는 데 30분 걸려요.

4 **It took me a few months to get** used to Korean food.
한국 음식에 적응하는 데 몇 달 걸렸어요.

SMALL TALK ① 연휴에 부산에 다녀온 친구와의 대화

You drove to Busan over the holiday? How long did it take?

연휴에 운전해서 부산을 다녀왔다고? 얼마나 걸렸어?

It usually just takes around 6 hours, but it took us 8 hours this time.

보통은 6시간 정도 걸리는데, 이번에는 8시간 걸렸어.

SMALL TALK ② 작가인 친구와의 대화

I finally finished writing* my book.

드디어 책 집필 마쳤어.

Really? How long did it take?

정말? 얼마나 걸린 거야?

It took six months.

6개월 걸렸어.

That seems fast.

빨리 끝낸 것 같네.

Good to Know

* finish -ing: finish 다음에 동사가 오게 되면 동명사(V-ing) 형태를 취하며 '~하는 행위를 끝마치다'라는 의미가 됩니다.

I spend four hours commuting to work.

저는 출퇴근하는 데 4시간을 보냅니다.

김재우의 영어관찰일기

'~하는 데 …만큼의 시간을 쓰다[보내다]'라는 말은 「spend + 시간 + -ing」로 표현합니다. 출퇴근에 4시간을 쓴다면 I spend four hours commuting.이라고 할 수 있습니다. '어제 하루 종일 도서관에서 공부했다.'라고 할 때 '하루 종일'이라는 시간의 길이를 강조하려면 I studied all day yesterday in the library.보다는 I spent all day yesterday studying in the library.라고 하면 됩니다.

MODEL EXAMPLES

1 I spend so much time scrolling on Instagram.
저는 인스타 하는 데 시간을 너무 많이 보내요.

2 He spent the whole date talking about himself.
그 사람이 데이트하는 동안 자기 이야기만 하더라고요.

3 My wife spends so much time doing her makeup.
제 아내는 화장하는 데 너무 많은 시간을 씁니다.

4 I spend most of my day responding to* emails.
저는 이메일에 답장하느라 하루의 대부분을 보냅니다.

SMALL TALK 1 명절에 관한 친구 사이의 대화

How was your Chuseok holiday?

추석 연휴는 어땠어?

I spent most of the holiday just driving to and from Gwangju.

차로 광주 다녀오는 데 연휴 대부분을 보냈어.

SMALL TALK 2 출장에 관한 지인 사이의 대화

How was your business trip?

출장은 어땠어요?

We spent the whole time playing golf.

출장 내내 골프를 쳤어요.

Seriously? That sounds great.

정말요? 재미있었겠네요.

The thing is, golf isn't really for me*.

근데 저는 골프가 정말 안 맞는다는 게 문제예요.

Good to Know

* respond to: '~에 답하다'라는 뜻으로, 여기에서는 '이메일에 답장하다'를 의미합니다.
* 주어 + isn't/aren't really for me: '~은 나랑은 맞지 않다, 나는 ~이 별로다'라는 의미의 관용 표현입니다.

What brings you to Korea?

한국에는 어떤 일로 오셨어요?

김재우의 영어관찰일기

「What brings you to+장소?」를 직역하면 '무엇이 당신을 ~로 데려왔느냐?' 입니다. 이를 의역하면 '어떤 일로 ~에 오게 되었느냐?'가 됩니다. 이 표현은 의사가 환자에게 '어디가 안 좋아서 오셨나요?'라고 할 때를 비롯해서 '어떤 일로[어떤 계기로] ~ 동네, 도시, 국가 등에 오게 되었습니까?'라는 의미로 방문 목적을 물을 때 일상에서 제법 많이 사용되는 표현이랍니다.

MODEL EXAMPLES

1 What brings you to my office today?
(병원에서) 오늘은 어디가 안 좋아서 오셨나요?

2 What brings you to New York?
뉴욕에는 어떤 일로 오셨어요?

3 What brings you to Osaka?
오사카에는 어떤 일로 오셨어요?

4 What brings you over to my neighborhood on a weekday?
(동네에서 우연히 만난 친구에게) 평일인데 어쩐 일로 우리 동네에 온 거야?

SMALL TALK ① LA 시민과 LA를 방문 중인 한국인과의 대화

You're from Korea? What brings you to LA?

한국에서 오셨나요? LA에는 어떤 일로 오셨나요?

My girlfriend is from here. I'm just visiting.

여자 친구가 이곳 출신이에요. 여자 친구 보러 왔어요.

SMALL TALK ② 얼마 전 한국에 온 외국인과의 대화

What brings you to Korea?

한국에는 어쩐 일로 오게 된 건가요?

I always wanted to live abroad.

늘 해외에서 살고 싶었어요.

Interesting. How long do you plan on staying*?

재미있네요. 한국에는 얼마나 있으실 생각이에요?

I hope to live here several* years.

몇 년 정도는 살았으면 합니다.

Good to Know

* plan on -ing: '~할 계획[생각]이다'를 뜻하는 표현으로 「plan + to부정사」와 비교해 좀 더 일상적인 회화에서 자주 사용됩니다.
* several: '몇 개의, 몇몇의'라는 뜻으로, a few 또는 a couple보다는 많은 어감입니다.

Where are you headed, sir?

(택시 기사의 말) 손님, 어디로 가시나요?

김재우의 영어관찰일기

Are you heading over?라는 말을 들어 보셨나요? '오고 있니?'라고 할 때 쓰는 표현입니다. over 다음에 '이곳' 또는 '만나기로 한 곳'에 해당하는 말이 생략되어 있습니다. 이때 head는 동사로 '~쪽으로 향하다[가다, 움직이다]'라는 뜻으로 원어민들은 일상에서 head를 정말 많이 씁니다. 또한 be headed (for/to)도 같은 의미로 쓰입니다. go는 '행위'나 '동작'을 강조하는 반면, head는 '방향'을 좀 더 강조하는 표현이라고 볼 수 있습니다.

MODEL EXAMPLES

1 I need to **head** home now.

나 지금 집으로 가 봐야 해.

2 I need to **head** back to the office before I go home.

(퇴근 후 술집에서) 집에 가기 전에 다시 사무실에 들어가 봐야 해.

3 Let's **head** to the beach this weekend.

이번 주말에는 해변으로 한번 가 보자.

4 When will you **be heading** out*?

언제 떠나는데?

SMALL TALK 1 퇴근 직후 회사 앞에서 마주친 동료 사이의 대화

Hey, Alice, what are you up to*?

앨리스, 어디 가는 길이에요?

Hi, I'm **heading** over to the mall to meet a friend.

안녕하세요, 친구 만나러 쇼핑몰에 가는 길이에요.

SMALL TALK 2 공항에서 탑승 수속 중인 손님과 직원의 대화

Hello, Sir. Where **are** you **headed** today?

안녕하세요, 손님. 오늘 목적지가 어디세요?

San Francisco.

샌프란시스코입니다.

May I see your passport, please?

여권 보여 주실 수 있을까요?

Here you go. By the way, is it possible to upgrade my seat to first class?

여기 있습니다. 그건 그렇고 혹시 일등석으로 업그레이드가 가능할까요?

Good to Know

* head out: 밖으로 향하다, 나다가, 떠나다
* What are you up to?: 여기에서는 What are you on your way to do?의 의미로 '어디[뭐 하러] 가는 길이에요?'라는 말입니다.

Try this stretch if you have back pain.

허리가 아프면 이 스트레칭을 한번 해 보세요.

김재우의 영어관찰일기

「try + 명사」는 '새로운 것이나 해 보지 않았던 것을 시도하다[해 보다]'라는 표현입니다. try 뒤의 목적어 자리에는 주로 '먹어 보지 않은 음식, 새로 생긴 식당이나 카페, 새로운 취미, 새로운 머리 스타일' 등이 오게 됩니다. 새로운 머리 스타일에 도전할 때는 try a new style, 옆에 있는 친구에게 '한 입 먹어 봐.'라고 할 때는 try a bite라고 하면 간결한 원어민식 표현이 됩니다.

MODEL EXAMPLES

1 If you want a fun challenge, **try rock climbing**.
재미난 도전 거리를 원하면 암벽 등반을 한번 해 봐

2 If you feel stuck in your routine*, **try a new hobby**.
판에 박힌 일상이 싫증 나면 새로운 취미를 한번 시도해 보렴.

3 You should **try this new cake recipe**.
이 새로운 케이크 레시피를 한번 시도해 봐.

4 We are going to **try that new café** in Seongsu.
성수에 새로 생긴 그 카페에 가 보려고 해.

SMALL TALK ① 카페 사장과 단골손님과의 대화

Please try this new cookie and tell me what you think.

새로 만든 이 쿠키 한번 드셔 보시고 어떤지 말해 주세요.

Looks delicious. I will gladly try it.

맛나 보이네요. 기꺼이 먹어 보죠.

SMALL TALK ② 헤어 디자이너와 고객의 대화

What kind of hair style would you like* today?

오늘은 어떤 스타일로 해 드릴까요?

I want to try something new.

뭔가 새로운 스타일을 해 보고 싶어요.

I see. How about a hippie perm?

알겠습니다. 히피 펌은 어떠세요?

Do you think that would look good on me?

저한테 어울릴까요?

Good to Know

* stuck in one's routine: '판에 박힌 일에 갇혀 있는'이라는 의미의 관용 표현입니다.
* would you like: want보다 좀 더 정중하고 격식 있는 표현입니다. 고객과 대화하는 상황에서는 would you like를 쓰는 것이 좀 더 자연스럽습니다.

How much does it cost to raise a child*?

아이 한 명 키우는 데 얼마나 드나요?

김재우의 영어관찰일기

가격이나 비용을 물을 때는 동사 cost를 이용하여 ❶ How much does it cost? ❷ How much does it cost + to부정사? ❸ How much does + 명사 + cost? 이렇게 세 형태로 사용됩니다. 이 중 무엇을 하는 데 드는 비용인지 명확히 밝히려면 ❷ 문형과 같이 to부정사를 활용하거나, ❸ 문형처럼 it 대신 명사 형태로 비용의 원인을 나타냅니다.

MODEL EXAMPLES

1 **How much does it cost to fly** first class to New York?
뉴욕까지 일등석 타면 얼마나 들어?

2 **How much does it cost to see** a movie at CGV these days?
요즘 CGV에서 영화 한 편 보는 데 얼마나 해?

3 **How much does it cost to produce** a movie?
영화 한 편 제작하는 데 얼마나 드나요?

4 **How much does beer** at a concert **cost** these days?
요즘 콘서트장 가면 맥주가 얼마나 해?

SMALL TALK ① 집 청소에 관한 친구 사이의 대화

I pay someone to clean my place once a week.
나는 일주일에 한 번 돈을 주고 집 청소를 해.

Really? How much does it cost?
정말? 얼만데?

SMALL TALK ② 자동차 정비소에서 고객과 나누는 대화

I scratched my car yesterday.
어제 제 차를 긁었습니다.

I see that. It looks pretty bad.
보니까 그러네요. 제법 많이 긁으신 듯하네요.

How much do you think it will cost?
(수리하는 데) 얼마나 들까요?

Let's bring it in* and take a closer look.
차를 안으로 들여서 좀 자세히 봅시다.

Good to Know

* raise a child: 아이를 키우다, 양육하다
* bring something in: ~을 안으로 들이다

DAY 47 동사 stand를 이용해 '~을 참기 힘들다'라고 말하기

I can't stand rush hour traffic.

출퇴근 시간대의 교통 혼잡은 못 참겠어요.

김재우의 영어관찰일기

무언가가 너무 싫거나 도저히 참을 수 없다고 할 때는 「can't stand + (동)명사」로 표현하면 됩니다. 이때 stand의 목적어로는 사람, 사물, 상황 모두가 올 수 있습니다. 예를 들어 I can't stand my brother.라고 하면 '제 동생을 도저히 못 참겠어요(너무 싫어요).'라는 말이 되며, 피자의 옥수수 토핑이 너무 싫다면 I can't stand corn on my pizza.라고 할 수 있습니다. 단, 어감이 매우 센 표현이니 주의해서 써야 합니다.

MODEL EXAMPLES

1 I can't stand bad manners.
예의 없는 건 도저히 못 참아.

2 I can't stand people who spread rumors.
여기저기 소문내고 다니는 사람은 너무 싫어.

3 I can't stand busy subway rides.
복잡한 지하철 타는 건 너무 힘들어.

4 I can't stand people smoking in public.
공공장소에서 담배 피우는 사람들이 너무 싫어요.

SMALL TALK ① 업무 처리가 미숙한 회사 동료에 대한 대화

Barry is terrible at his job. I can't stand him.

배리가 일을 너무 못해. 도저히 못 참겠어.

I know. He keeps making mistakes, and we have to fix them.

맞아. 계속 실수를 하고, 우리가 해결해야 하니.

SMALL TALK ② 서울에 거주하는 외국인 친구와의 대화

How are you doing these days?

요즘 어떻게 지내요?

I'm OK, but I can't stand the summers in Korea.

나름 괜찮아요. 근데 한국 여름은 너무 힘드네요.

Yeah, I have a hard time sleeping* in the summer.

네, 저는 여름에 잠을 잘 못 자요.

Me too! It's almost more than I can handle*.

저도요! 감당이 안 될 정도예요.

Good to Know

* have a hard time -ing: ~을 하는 데 어려움을 겪다(= have trouble/difficulty -ing)
* more than + 주어 + can handle: '감당할 수 있는 수준을 넘은'이라는 의미입니다. 여기에서 handle은 동사로 '~을 감당하다'라는 의미입니다.

I quit Instagram a long time ago.

한참 전에 인스타그램 끊었어요.

김재우의 영어관찰일기

동사 quit은 '직장, 학교, 직업 등을 그만두다' 또는 '어떠한 행위나 활동을 중단하다[그만하다]'라고 할 때 쓰이며, ❶ 「사람 + quit」 ❷ 「사람 + quit + 명사」 ❸ 「사람 + quit + 동명사(V-ing)」 이렇게 세 형태로 사용됩니다. 이 중 ❸의 예문은 다음과 같습니다. I recently quit working at Google.(나 최근에 구글 그만뒀어.)

MODEL EXAMPLES

1 I had to **quit my studies** in America.
미국에서의 학업을 그만둘 수밖에 없었습니다.

2 I want to **quit my job** as soon as possible.
가능하면 빨리 이 일을 그만두고 싶어요.

3 I **quit playing** darts last month.
나 지난달에 다트 끊었어.

4 I had to **quit using** a smartphone because I was addicted to* mobile games.
모바일 게임에 중독되어서 스마트폰을 끊어야만 했어요.

SMALL TALK ① 취업 면접에서 면접관과 지원자의 대화

Did you have a part-time job in college?

대학 때 아르바이트 해 보셨나요?

Not really. I tried working at a café for a couple weeks, but I **quit**.

별로 안 해 봤습니다. 카페에서 몇 주 일해 봤지만 그만뒀습니다.

SMALL TALK ② 퇴근을 앞둔 직장 동료 사이의 대화

I just got the new GTA game. Do you wanna come over* and play?

얼마 전에 새 GTA 게임 샀어요. 우리 집에 가서 게임할래요?

What's GTA?

GTA가 뭐예요?

Grand Theft Auto. You don't play video games?

그랜드 테프트 오토요. 게임 안 해요?

Not really. I **quit** when I was in middle school.

잘 안 해요. 중학교 때 끊었거든요.

Good to Know

* be addicted to: ~에 중독되다
* come over: ~로 가다, 건너가다

Do you want me to come over to your place?

제가 당신 집으로 갈까요?

김재우의 영어관찰일기

다음 상황에서는 우리말로는 '가다'라고 하지만 영어에서는 go가 아닌 come으로 표현합니다. ❶ 한 사람이 다른 사람이 있는 곳으로 갈 때 ❷ 여러 사람이 같은 장소로 갈 때. ❶은 대표 문장처럼 '내가 너희 집으로 갈까?'라고 하는 경우에, ❷는 오늘 밤 파티에 여러 명이 참석하는 상황에서 '너 갈 거지?(Are you coming tonight?)'라고 할 때 쓴답니다. 헷갈리기 쉬우니 잘 기억해 두세요.

MODEL EXAMPLES

1 I'm coming.

(오는 모임에) 나 갈 거야.

2 Are you guys coming to the wedding on Saturday?

너희들 토요일에 결혼식 갈 거니?

3 Sorry, I can't come tomorrow. I have to work.

미안해, 내일 못 가. 일해야 해.

4 Can I come with you?

(쇼핑하러 가는 상황) 내가 같이 가도 돼?

SMALL TALK ❶ 회식에 대한 직장 동료 사이의 대화

Are you coming to the company dinner tonight?

오늘 저녁 회사 회식 갈 거야?

Of course. I never turn down free food.

물론이지. 난 공짜 음식은 절대 마다하지 않잖아.

SMALL TALK ❷ 자신이 사는 런던을 방문하는 친구와의 대화

Hey, it's good to hear from you.* How are you?

안녕, 반갑다. 잘 지내?

Great, I'm actually coming to London next week.

잘 지내지. 사실 다음 주에 런던에 가.

Excellent! For how long?

잘됐네! 얼마나 있을 건데?

Just a couple days, but I'd love to buy you a coffee if you're free.

2~3일 정도지만, 네가 시간되면 기꺼이 커피 한잔 살게.

Good to Know

* It's good to hear from you.: 상대로부터 오랜만에 메시지나 메일 등을 받았을 때 사용하는 관용 표현으로 우리말의 '반갑습니다.' 정도에 해당합니다.

They said they are fully booked for tonight.

오늘 밤은 예약이 다 찼대요.

김재우의 영어관찰일기

'예약하다'라는 표현으로 make a reservation도 사용하지만 원어민들은 일상 대화에서 동사 book도 매우 자주 사용합니다. book a ticket, book a table, book a room 등등 티켓, 식당, 호텔 객실 등을 예약할 때 book을 사용합니다. 수동태 be booked로 표현하면 무엇이 '예약되어 있다'라는 뜻이고, 「book + 간접목적어(A) + 직접목적어(B)」는 'A에게 B를 예약해 주다'라는 뜻입니다.

MODEL EXAMPLES

1 I booked a table at the restaurant for 7 p.m.

저녁 7시로 그 식당에 자리 예약했어.

2 Make sure to book your tickets in advance.

반드시 표 미리 예매해.

3 I asked if there were any seats, but they were fully booked.

자리 있는지 물어봤는데, 예약이 꽉 찼더라고.

4 I booked us two separate rooms instead of a twin room.

트윈룸 하나 대신에 방을 따로 두 개 예약했어.

SMALL TALK 1 호텔 직원과 투숙객의 대화

I'm sorry, sir, but there is no reservation under your name*.

손님, 죄송하지만 손님 이름으로 예약된 건 없습니다.

What? I booked the rooms weeks ago.

뭐라고요? 몇 주 전에 방을 예약했는데요.

SMALL TALK 2 결혼기념일을 앞둔 친구와의 대화

I'm not sure where to take my wife for our anniversary dinner.

결혼기념일에 아내를 어디로 데려가서 저녁 식사를 해야 할지 모르겠어.

What about that new restaurant downtown?

시내에 새로 생긴 그 식당은 어때?

I called, but they said they're fully booked.

전화해 봤는데, 예약이 다 찼다고 하더라고.

How about a romantic homemade dinner, instead?

그럼 집에서 직접 준비한 로맨틱한 저녁은 어때?

Good to Know

* under one's name: '~ 이름으로'라는 뜻의 관용적인 표현으로, 호텔이나 식당 예약을 확인하는 상황에서 자주 쓰입니다.

REVIEW TEST DAY 41~50

41 _______________ for you to commute to work?

출퇴근하는 데 얼마나 걸려요?

42 I _______________ to work.

저는 출퇴근하는 데 4시간을 보냅니다.

43 _______________ to Korea?

한국에는 어떤 일로 오셨어요?

44 Where are you _______________, sir?

손님, 어디로 가시나요?

45 _______________ this stretch if you have back pain.

허리가 아프면 이 스트레칭을 한번 해 보세요.

46 _______________ to raise a child?

아이 한 명 키우는 데 얼마나 드나요?

47 _______________ rush hour traffic.

출퇴근 시간대의 교통 혼잡은 못 참겠어요.

48 I _______________ a long time ago.

한참 전에 인스타그램 끊었어요.

49 Do you want me to _______________ over to your place?

제가 당신 집으로 갈까요?

50 They said they are fully _______________ for tonight.

오늘 밤은 예약이 다 찼대요.

정답 | **41** How long does it take **42** spend four hours commuting
43 What brings you **44** headed **45** Try **46** How much does it cost
47 I can't stand **48** quit Instagram **49** come **50** booked

DAY 51~60

DAY 51 **I can finish this whole pizza by myself.**
나는 혼자서 이 피자 한 판을 다 먹을 수 있어요.

DAY 52 **I am considering starting my own business.**
제 사업을 시작할까 고민 중입니다.

DAY 53 **I'm expecting an important phone call any minute.**
곧 중요한 전화가 오기로 되어 있어요.

DAY 54 **We are having a workshop in January.**
저희가 1월에 워크숍을 합니다.

DAY 55 **I lost my phone while I was partying last night.**
어젯밤 파티 중에 전화기를 잃어버렸어요.

DAY 56 **I'll call you when I'm done.**
회의 마치면 전화할게요.

DAY 57 **Do you want to get together while I'm on my business trip?**
제가 출장 가 있는 동안 얼굴 한번 볼까요?

DAY 58 **Feel free to leave if you need to go early.**
일찍 가야 되면 부담 갖지 말고 그렇게 해요.

DAY 59 **I was happy to help.**
제가 도움이 되어서 좋았습니다.

DAY 60 **I have no idea what to wear tomorrow.**
내일 뭘 입어야 할지 모르겠어요.

I can finish this whole pizza by myself.

나는 혼자서 이 피자 한 판을 다 먹을 수 있어요.

김재우의 영어관찰일기

초급자들은 중점적으로 '기본(범용)' 동사의 정확한 용례를 익히고, 다양한 상황에서 써 봐야 합니다. 'finish = 끝내다, 마치다, 끝나다'와 같은 기계적 암기는 영어 말하기에 큰 도움이 되지 않습니다. '제가 작년에 로스쿨을 졸업했습니다.'라는 말도 I graduated from law school last year.라고만 할 것이 아니라, I finished law school last year.라고 자연스럽게 말할 수 있어야 합니다.

MODEL EXAMPLES

1 I can finish a whole carton of ice cream.
저는 아이스크림 한 통을 다 먹을 수 있어요.

2 You should finish your ramen before it gets soggy*.
라면 붇기 전에 다 먹어.

3 I started reading that novel, but I couldn't finish it.
그 소설 읽기 시작했는데, 다는 못 읽었어.

4 I couldn't finish college because of money problems.
돈 문제 때문에 대학을 졸업할 수 없었습니다.

SMALL TALK 1 미국 음식점의 음식량에 관한 대화

They give you huge portions in American restaurants.
미국 식당은 음식 양이 너무 많아.

Yeah, I couldn't finish anything I ordered. My husband finished it for me.
맞아, 주문한 걸 다 못 먹겠더라고. 그래서 남편이 대신 다 먹어 줬어.

SMALL TALK 2 육아 때문에 휴학한 지인과의 대화

Megan, did you finish school yet?
메건, 학교는 졸업한 거죠?

No, I had to take a break* because of the baby.
아니요, 아기 때문에 휴학했어요.

I see. How do you like being a mom?
그렇군요. 엄마가 되니 어때요?

The first couple months were stressful, but it's getting better.
처음 몇 달은 힘들었지만 점점 나아지고 있어요.

Good to Know

* soggy: (라면 등이) 불은, (땅이) 질퍽한
* take a break: 여기에서는 '학업이나 일을 잠시 쉬다'라는 의미로 쓰였습니다.

I am considering starting my own business.

제 사업을 시작할까 고민 중입니다.

김재우의 영어관찰일기

consider에는 '~을 생각하다[고려하다]'와 '~을 …으로 여기다[간주하다]'의 두 가지 의미가 있습니다. 그중 첫 번째 의미는 주로 「consider + (동)명사」 또는 「be considering + (동)명사」 형태로 쓰입니다. '좀 더 저렴한 모델을 생각 중이다.'는 I'm considering a less expensive model.이라고 하며, '부산으로 이사 갈 것을 생각하고 있다.'는 I am considering moving to Busan.이라고 합니다.

MODEL EXAMPLES

1 I'm considering quitting my job.

직장을 그만둘까 생각하고 있어.

2 I've been considering writing my own novel for a while.

제 소설을 쓰는 것에 대해 고민한 지 좀 됐어요.

3 We are considering adopting a child*.

저희는 입양을 고려하고 있습니다.

4 I'm not considering a used car.

중고차는 생각하고 있지 않아요.

SMALL TALK 1 태블릿 PC 구매에 대한 점원과 손님의 대화

The new model has lots of great new features.

신 모델에는 훌륭한 새로운 기능들이 많습니다.

Thanks, but I'm strongly considering the basic model.

감사합니다. 근데, 저는 기본형만 생각하고 있어서요.

SMALL TALK 2 이사에 관한 친구 사이의 대화

I heard you're thinking of moving here.

너 여기로 이사 올까 한다고 들었어.

Yeah! I heard it has lots of conveniences, but is it quiet enough?

맞아! 편의 시설이 많다더라고. 근데 동네가 조용한 편이야?

It's honestly a bit noisy due to all the shops and people.

가게도 많고 사람도 많아서 솔직히 좀 시끄러워.

Dang. Maybe I'll consider somewhere else.

이런. 그럼 다른 동네를 생각해 봐야겠네.

Good to Know

* adopt a child: 아이를 입양하다

I'm expecting an important phone call any minute*.

곧 중요한 전화가 오기로 되어 있어요.

김재우의 영어관찰일기

expect는 '기대하다, 예상하다'라는 뜻만이 아니라 '오기로 되어 있는 것[사람]을 기다리다'라는 의미로도 쓰입니다. 기다리는 대상은 사람, 전화, 택배 등이 될 수 있겠죠. 내일이나 올 줄 알았던 친구가 오늘 찾아왔을 때 I wasn't expecting you until tomorrow.라고 할 수 있습니다. 매우 자주 쓰는 표현이니 꼭 익혀 두세요.

MODEL EXAMPLES

1 I wasn't expecting a package today.

(택배기사에게 하는 말) 오늘 택배 올 거 없는데요.

2 Welcome! We've been expecting you.

어서 와! 널 기다리고 있었어.

3 Are you expecting someone?

(초인종이 울리자 하는 말) 집에 누가 오기로 되어 있는 거야?

4 I can't join the team dinner tonight. My wife is expecting me home early.

오늘 밤은 팀 회식 못 가요. 아내가 오늘은 제가 일찍 집에 오는 걸로 알고 있거든요.

SMALL TALK ❶ 술집 주인과 단골손님과의 대화

You're not usually here on Fridays! I wasn't expecting you.

금요일에는 보통 안 오시잖아요? 오실 줄 몰랐는데.

I had a terrible day at work and needed to wind down*.

회사에서 너무 힘든 하루를 보내서 스트레스 좀 풀려고 왔어요.

SMALL TALK ❷ 케이터링 업체 직원과 의뢰인의 대화

I'm having the party in 3 weeks.

3주 후에 파티를 합니다.

OK, and how many people are you expecting?

네, 손님은 몇 명 정도 예상하세요?

Around 50, but there could be more.

한 50명 정도요. 근데 더 올 수도 있어요.

Alright, and have you considered what you want for the menu?

네, 메뉴는 어떤 걸로 할지 생각해 보셨나요?

Good to Know

* any minute: '곧, 금방'을 의미하는 표현입니다.
* wind down: '긴장을 풀다'라는 뜻의 구동사로 relax 또는 unwind와 동의어입니다.

We are having a workshop in January.

저희가 1월에 워크숍을 합니다.

김재우의 영어관찰일기

가까운 미래에 반드시 일어날 일은 「am/are/is + -ing」(현재진행 시제)로 표현합니다. 영화 〈악마는 프라다를 입는다〉에서 주인공 앤드리아는 '아빠가 내일 오하이오에서 이곳으로 오기로 되어 있어요.'를 My dad's coming in from Ohio tomorrow.라고 말합니다. 아빠가 오는 것이 확정된 일정이라는 의미죠. 그렇기 때문에 is going to come in ~이 아닌 is coming in ~이라고 한 것입니다.

MODEL EXAMPLES

1 I'm moving to Busan next month.
나 다음 달에 부산으로 이사 가.

2 I'm grilling steak for dinner tonight. Do you want to come by*?
오늘 저녁에 스테이크 구울 건데 들를래?

3 We are opening a new store in Gwanghwamun next month.
저희가 다음 달에 광화문에 신규 매장을 엽니다.

4 Are you going to the company dinner tonight?
오늘 밤에 회식 갈 거야?

SMALL TALK 1 미국에 가기로 되어 있는 지인과의 대화

When are you going to America, again?

미국으로 또 언제 출국한다고 했지요?

I'm leaving tomorrow on a noon flight.

내일 정오 비행기로 가요.

SMALL TALK 2 의류 매장 매니저와 단골손님의 메신저 대화

Mark, we are having a sale starting next week.

마크, 다음 주부터 저희가 세일을 합니다.

Okay. I'll definitely check it out.

네. 꼭 가 볼게요.

We appreciate your business.*

저희 매장을 이용해 주셔서 감사합니다.

Thanks for letting me know!

알려 주셔서 고맙습니다!

Good to Know

* come by: '~에 잠시 들르다'라는 의미의 구동사로, 비슷한 표현에는 swing by, drop by 등이 있습니다.
* We appreciate your business.: '저희 가게를 이용해 주셔서 감사합니다.'라는 의미의 관용 표현입니다.

I lost my phone while I was partying* last night.

어젯밤 파티 중에 전화기를 잃어버렸어요.

김재우의 영어관찰일기

과거진행(was/were+-ing)은 ❶ 과거의 특정 시점에 진행 중이던 동작/사건을 나타낼 때(e.g. I was walking by the mall when I ran into* him.) ❷ 동시에 일어나는 두 가지 상황을 나타낼 때(e.g. I was watching TV while my wife was reading a book.) 이렇게 두 경우에 주로 쓰입니다.

MODEL EXAMPLES

1 A: Why didn't you answer the phone?
왜 전화 안 받았어?

B: I was taking a nap.
잠깐 자고 있었어.

2 We were having a party when the lights went out.
파티를 하고 있는데 정전이 되었어요.

3 I was quietly talking on the phone while my brother was taking a nap.
형이 낮잠을 자는 동안 나는 조용히 통화를 하고 있었다.

SMALL TALK ① 한잔하자는 친구와의 대화

Maybe we could get a drink* sometime next week.

다음 주 언제 한잔하면 좋은데.

I was thinking the same thing.

안 그래도 나도 그 생각 하고 있었어.

SMALL TALK ② 축구 연습에 관한 고등학생들의 대화

That practice was tough.

오늘 연습 정말 힘들었다.

Yeah, and I noticed you were limping toward the end.

그래, 보니까 너 경기 후반에 절뚝거리던데.

You saw that? Yeah, I hurt my ankle.

봤어? 맞아, 발목을 다쳤어.

You should ice it at home tonight.

오늘 밤에 집에서 얼음찜질을 해.

Good to Know

* partying: party를 동사로 쓴 경우로, 이때는 '파티를 하다'라는 의미입니다.
* run into: '우연히 ~를 마주치다'라는 의미의 구동사입니다.
* get a drink: 여기에서는 '술을 한잔하다'라는 의미입니다.

I'll call you when I'm done.

회의 마치면 전화할게요.

김재우의 영어관찰일기

어떤 행위를 '마치다, 끝내다'라고 할 때 원어민들이 가장 즐겨 쓰는 표현이 바로 be done입니다. I'm done.이라고 하면 '끝냈다, 끝났다'라는 뜻이죠. 오늘은 여기서 조금 응용해 「when + 사람 + am/are/is done」(~가 …을 마치면) 구문에 대해 학습하겠습니다. 친구가 책을 읽고 있는 것을 보고 '네가 다 읽으면' 그 책을 빌려달라고 할 때 When you are done ~이라고 하면 됩니다.

MODEL EXAMPLES

1 Can I use that charger when you're done?
충전기 다 쓰시면 제가 좀 써도 될까요?

2 When you're done, please call me back right away.
통화 끝나면, 바로 다시 전화 좀 줘.

3 Please email me your finished materials when you're done.
작업 마치면 자료 이메일로 송부 부탁드립니다.

4 Can you stop by my office when you're done?
일 마치면 제 사무실에 잠깐 들러 주시겠어요?

SMALL TALK ① 책에 관한 친구 사이의 대화

I am at the bookstore to buy that book you recommended.

네가 추천해 준 책 사러 서점에 와 있어.

Oh, no, you can just borrow mine when I'm done.

아, 이런, 내가 다 읽으면 그냥 빌려 가면 되는데.

SMALL TALK ② 집안일에 대한 부부 사이의 대화

Are you busy?

바빠?

Kind of. I'm working on something for work.

조금. 회사 일 좀 하고 있어.

Could you take out* the recycling when you're done?

다 하고 재활용 쓰레기 좀 내다 버려 줄 수 있어?

Sure. I noticed* that too.

그럼. 나도 눈치챘어.

Good to Know

* take out: ~을 밖으로 내놓다, 밖으로 가지고 가다
* notice: (감각적으로) ~을 알아차리다, 눈치채다

Do you want to get together while I'm on my business trip?

제가 출장 가 있는 동안 얼굴 한번 볼까요?

김재우의 영어관찰일기

get together는 밥을 먹거나, 술을 마시거나, 수다를 떠는 등의 행위를 하기 위해 '모이다, 만나다, 얼굴을 보다'라는 의미로 주로 쓰입니다. '만나다' 하면 무조건 meet만 떠올리기 쉬운데, get together를 적절히 활용해 보세요. 예를 들어 '오늘 만나서 점심 먹을 시간 돼?'라고 할 때도 Are you free to get together for lunch today?라고 하면 멋진 원어민식 표현이 됩니다.

MODEL EXAMPLES

1 When do you have time to get together for dinner?
언제 시간 되면 만나서 저녁 먹을까?

2 I'm getting together with a few of my coworkers after work.
퇴근하고 동료 몇 명 이랑 모일 거야.

3 We should get together for a drink sometime.
우리 언제 한번 만나서 술 한잔해야지.

4 We haven't gotten together in so long*.
우리 안 모인 지 너무 오래됐다.

SMALL TALK ① 친구 모임에 대한 부부 사이의 대화

When are you getting together with your friends?

당신 친구들이랑은 언제 모이는 거야?

We decided to meet this Saturday around 7 p.m.

이번 주 토요일 저녁 7시쯤에 만나기로 했어.

SMALL TALK ② 추석을 앞두고 하는 친구 사이의 대화

Chuseok is coming up soon!

곧 추석이네!

Are you going to get together with your whole family?

가족 모두가 모이는 거야?

Yes, I'm so excited. We're meeting at my grandma's house.

응, 너무 신나. 할머니 댁에서 모여.

Oh, right. I remember that her place is like a palace.

아, 그래. 너희 할머니 집이 대궐 같았던 거 기억나.

Good to Know

* in so long: not과 함께 쓰여 '오랫동안 ~하지 못하다'라는 의미입니다. in 대신 for를 써도 되지만, 부정문에서는 in이 좀 더 자주 쓰입니다.

Feel free to leave if you need to go early.

일찍 가야 되면 부담 갖지 말고 그렇게 해요.

김재우의 영어관찰일기

'부담 갖지 말고 ~하라, 편하게 ~하라'는 말은 「**feel free + to부정사**」 구문을 이용해서 표현합니다. 어떠한 제안을 한 뒤, '안 되면 부담 갖지 말고 이야기해 줘.'라고 할 경우 Feel free to say no.라고 합니다. 얼마 전 한 원어민에게 부탁할 일이 있어서 언제 연락하면 좋겠냐고 물었더니, Feel free to text me anytime.(언제든 편하게 문자 주세요.)이라고 하더군요. 정말 자주 쓰는 표현이니 꼭 기억하세요.

MODEL EXAMPLES

1 Feel free to stop and catch your breath.

(날리기 동호회에서) 원하시면 편하게 멈춰서 호흡을 좀 가다듬으세요.

2 Please feel free to contact me at the following number.

다음 번호로 편하게 연락 주세요.

3 Hey, Julie, it's short notice* so feel free to say no.

안녕, 줄리, 너무 급하게 부탁한 거니 안 되면 부담 갖지 말고 말해 줘.

4 Feel free to share my fries if you want.

네가 원하면 내 감자튀김 같이 먹어도 돼.

SMALL TALK 1 사무실이 있는 동네에 온다는 친구와의 대화

My wife and I will be in Huam-dong tomorrow afternoon.

나와 아내가 내일 오후에 후암동에 갈 거야.

Really? Feel free to stop by my office for a visit.

정말? 부담 갖지 말고 내 사무실에 와서 얼굴 보고 가.

SMALL TALK 2 며칠간 친구 집에 머물게 된 상황에서의 대화

Feel free to use the kitchen if you want to cook something.

뭐 만들어 먹고 싶으면 부담 갖지 말고 주방 써.

Thanks. I'll probably eat out while I'm here.

고마워. 여기 있는 동안은 아마 나가서 사 먹을 듯해.

I see. The pots and pans are here if you change your mind.

알겠어. 마음 바뀌면 냄비랑 팬들은 여기 있어.

OK, good to know.

응, 알겠어.

Good to Know

* short notice: '촉박하게 알려 줌, 촉박한 통보'를 뜻하는 관용 표현입니다.

I was happy to help.

제가 도움이 되어서 좋았습니다.

김재우의 영어관찰일기

오늘은 「감정 형용사+to부정사」 구문에 대해 학습하겠습니다. happy, sorry, excited, shocked, surprised, pleased, thrilled와 같은 감정 형용사 다음에 to부정사가 오면 '~하게 되어 …하다'라는 의미의 표현이 됩니다. 대표적으로 Sorry to hear that.(그렇다니 안타깝다.)과 같은 문장이 있습니다. 굉장히 단순하지만 매우 활용도 높은 표현입니다.

MODEL EXAMPLES

1 I'm **excited to meet** your parents!
(남자 친구가 여자 친구에게) 당신 부모님 뵙게 돼서 너무 기뻐!

2 I was **surprised to run** into you yesterday.
어제 너를 우연히 보게 돼서 놀랐어.

3 I was **shocked to hear** that she was married.
난 그녀가 기혼이라는 걸 듣고 충격을 받았다.

4 We're **pleased to announce** our new product.
신상품을 발표하게 되어 너무 기쁘군요.

SMALL TALK ❶ 소개팅을 한 친구와의 대화

So tell me, how was your blind date yesterday?

자, 이야기해 봐. 어제 소개팅은 어땠어?

Surprisingly, great! I'm **excited to go** on a second date with him.

놀랍게도 아주 좋았어! 그 사람이랑 다음 데이트가 기대돼.

SMALL TALK ❷ 최근 임신을 한 친구와의 대화

Did you break the news* to your family about being pregnant?

임신한 것 가족들에게 알렸어?

Yes, my parents are so happy for me.

응, 부모님이 너무 잘됐다고 하셔.

What about your husband's family?

시댁에서는 뭐라셔?

My in-laws are **thrilled to** finally **have** a grandchild.

시부모님도 드디어 손주 생긴다고 너무 좋아하셔.

Good to Know

* break the news: '처음으로 어떠한 소식을 전하다'라는 의미의 관용 표현입니다.

I have no idea what to wear tomorrow.

내일 뭘 입어야 할지 모르겠어요.

김재우의 영어관찰일기

「의문사(what, how, where, which)+to부정사」 구문은 '무엇을, 어떻게, 어디서, 어떤 것을 ~할지'라고 할 때 요긴하게 쓰입니다. 예를 들어 어떤 건물 내에서 '어디로 가야 할지 잘 모르겠다.'라고 하려면 I'm not sure where to go.라고 합니다. 이때 where to go는 where I should go와 같은 말이지만, 거의 대부분 where to go로 표현합니다.

MODEL EXAMPLES

1 Do you know how to get there?
거기 어떻게 가는지 알아?

2 I'm not sure where to go for* summer vacation.
여름휴가를 어디로 가야 할지 모르겠어.

3 We're not sure which movie to watch.
(저녁에 영화 보러 가려는 상황) 무슨 영화를 봐야 할지 모르겠어.

4 Can you teach me how to change the oil in my car?
내 차 엔진오일 가는 법 좀 가르쳐 줄래?

SMALL TALK ❶ 조카 돌잔치에 가기 전 부부 사이의 대화

Remember, we are going to Jiho's first birthday party tomorrow.

우리 내일 지호 돌잔치 가는 거 알지?

I know. I still don't know **what to bring**.

알지. 뭘 가지고 가야 할지 여전히 모르겠네.

SMALL TALK ❷ 휴가 계획에 관한 친구 사이의 대화

Where are you going for vacation?

휴가 때 어디로 가?

New York City, but we're still not sure **where to stay**.

뉴욕. 근데 어디에서 머물러야 할지 모르겠어.

I heard Brooklyn is really trendy*.

브루클린이 힙하다던데.

It is, but we want to be closer to Central Park.

맞아, 근데 우리는 센트럴 파크 근처에 머물고 싶거든.

Good to Know

* for: 여기에서 for는 여름휴가를 '맞아서'라는 의미입니다. '여름휴가 동안'은 during summer vacation으로 표현합니다.
* trendy: 최신 유행의

REVIEW TEST

DAY 51~60

51 I can ________ this whole pizza by myself.

나는 혼자서 이 피자 한 판을 다 먹을 수 있어요.

52 I ________ starting my own business.

제 사업을 시작할까 고민중입니다.

53 I'm ________ an important phone call any minute.

곧 중요한 전화가 오기로 되어 있어요.

54 We ________ a workshop in January.

저희가 1월에 워크숍을 합니다.

55 I lost my phone while I ________ last night.

어젯밤 파티 중에 전화기를 잃어버렸어요.

56 I'll call you when ________.

회의 마치면 전화할게요.

57 Do you want to ________ while I'm on my business trip?

제가 출장 가 있는 동안 얼굴 한번 볼까요?

58 ________ to leave if you need to go early.

일찍 가야 하면 부담 갖지 말고 그렇게 해요.

59 I was happy ________.

제가 도움이 될 수 있어서 좋았습니다.

60 I have no idea ________ tomorrow.

내일 뭘 입어야 할지 모르겠어요.

정답 | **51** finish **52** am considering **53** expecting **54** are having **55** was partying **56** I'm done **57** get together **58** Feel free **59** to help **60** what to wear

DAY 61~70

DAY 61 **We went to celebrate my uncle's birthday in Suwon.**
삼촌 생신 축하하러 수원에 다녀왔습니다.

DAY 62 **I just wanted to know how you're doing.**
그냥 어떻게 지내는지 궁금해서 연락했어요.

DAY 63 **I woke up late, so I had to take a taxi to work.**
늦잠 자서 어쩔 수 없이 택시 타고 출근했어요.

DAY 64 **I'm about to leave. See you soon.**
지금 막 나가려고 해요. 이따 봐요.

DAY 65 **So you won't be able to hang out until then?**
그래서 그때까지는 (나와) 시간을 보내지 못한다는 말이에요?

DAY 66 **Why don't we just stop at the rest stop for 10 minutes?**
그럼 그냥 휴게소에서 10분 쉬어 갈까요?

DAY 67 **How do you like working on your own?**
혼자 일하는 거 어때요?

DAY 68 **You went on a blind date? What was he like?**
소개팅했다면서요? 그 남자 어땠어요?

DAY 69 **I don't really feel like eating out tonight.**
오늘 밤에는 외식이 썩 내키지 않아요.

DAY 70 **I'm so glad you're finally taking a vacay.**
드디어 휴가를 간다니 정말 다행이에요.

We went to celebrate my uncle's birthday in Suwon.

삼촌 생신 축하하러 수원에 다녀왔습니다.

김재우의 영어관찰일기

'~하러 …에 갔다 왔다'를 원어민들은 주로 go의 과거형 went를 써서 「went+to 부정사+전치사+장소」로 표현합니다. 예를 들어 '가족들 보러 텍사스에 다녀왔다.'는 I went to visit my family in Texas.라고 합니다. 물론 「went to+장소+to 부정사」 구문을 써서 I went to Texas to visit my family.라고 해도 됩니다. 전자가 '가족을 보러' 다녀온 것을 강조했다면, 후자는 '텍사스에' 다녀온 것을 강조한 것입니다.

MODEL EXAMPLES

1 I went to check out* the cherry blossoms in Yeouido.
여의도에 빛꽃 구경하고 왔습니다.

2 I went to buy some shoes at Starfield after work.
퇴근하고 스타필드에 신발 사러 갔다 왔습니다.

3 I went to pick up my brother at the airport.
동생 데리러 공항에 다녀왔어요.

4 My wife and I went to visit my son in Canada last summer.
지난여름 아내와 아들 보러 캐나다에 다녀왔습니다.

SMALL TALK 1 친구와의 일상 대화

What did you do today?

오늘 뭐 했어?

I went to have some acupuncture done. I feel so relaxed now.

침 맞고 왔어. 지금은 정말 편안해.

SMALL TALK 2 연휴가 끝난 뒤 직장 동료 사이의 대화

How was your holiday?

연휴는 어땠어?

Well, we went to visit my wife's grandmother in Busan.

음, 아내 할머님 뵈러 부산에 다녀왔어.

Oh, that sounds nice.

아, 좋았겠어.

It wasn't nice at all. We were stuck in traffic for eight hours.

전혀 좋지 않았어. 8시간 동안 차가 막혀서 옴짝달싹 못했거든.

Good to Know

* check out: 유명 관광지, 식당, 카페, 옷 가게 등에 가서 경관이 얼마나 좋은지, 음식이 얼마나 맛있는지, 옷이 어떤지 등을 '확인하다, 경험하다'를 의미합니다.

I just wanted to know how you're doing.

그냥 어떻게 지내는지 궁금해서 연락했어요.

김재우의 영어관찰일기

상대방에게 연락을 하거나 방문하면서 용건을 밝힐 때 가장 많이 활용하는 구문이 「I just wanted + to부정사」입니다. 감사, 사과, 통보, 확인, 질문 등 수많은 상황에서 쓸 수 있는 최고의 표현입니다. to 다음에는 let you know, check, know, remind, thank, say, apologize 등이 자주 옵니다.

MODEL EXAMPLES

1 **I just wanted to check** what your hours* are today.
오늘 영업시간이 어떻게 되는지 확인하려고 연락드렸습니다.

2 **I just wanted to apologize** for cutting you off during the meeting.
회의 때 말 끊은 거 사과드리려고요.

3 **I just wanted to swing** by and say hello.
그냥 잠깐 들러서 얼굴 보려고 했지.

4 **I just wanted to confirm** my 7:30 p.m. reservation.
저녁 7시 30분 예약 확인하려고 연락드렸어요.

SMALL TALK 1 서울에 방문할 예정인 친구와의 대화

I just wanted to let you know I'll be in Seoul next week.

다름이 아니고 나 다음 주에 서울 간다고 알려 주려고.

Seriously? I wish you would've mentioned that to me earlier. I could've taken a day off.

정말? 좀 더 일찍 말해 주지. 그러면 하루 휴가 낼 수도 있었는데.

SMALL TALK 2 감사 인사를 하는 친구와의 카카오톡 대화

Hey, I just wanted to thank you for lunch today.

안녕, 오늘 점심 고맙다는 말 하려고.

No need to thank me. It's always great to see you.

고맙다고 안 해도 돼. 널 만나는 건 언제라도 좋은걸.

Next time it's on me.

다음에는 내가 살게.

We'll see about that!

그건 두고 봐야지!

Good to Know

* hours: '영업시간'이라는 뜻입니다. 구어체에서는 business hours보다 the hours 또는 your hours로 표현하며, 항상 복수형으로 씁니다.

I woke up late, so I had to take a taxi to work.

늦잠 자서 어쩔 수 없이 택시 타고 출근했어요.

김재우의 영어관찰일기

'어쩔 수 없이[불가피하게] ~해야만 했다'에 해당하는 영어 표현은 「had + to부정사」입니다. 도넛 가게에 줄이 너무 길어서 한 시간을 기다려서 먹어야 했다면 We had to wait an hour to try these donuts.라고 할 수 있습니다. 「had no other choice but + to부정사」(~하는 선택 이외는 다른 방법이 없었다)와 같은 표현도 있지만, 「had + to부정사」가 훨씬 간결한 표현이랍니다.

MODEL EXAMPLES

1 I had to run to get here on time*.
늦지 않기 위해 여기에 달려왔어야 했어요.

2 We had to push back our wedding since my dad got sick.
아빠가 편찮으신 바람에 결혼식을 미뤄야만 했어요.

3 We had to order from the vegetarian menu.
(식당에 고기가 다 떨어진 상황) 어쩔 수 없이 채식 메뉴에서 주문을 했답니다.

4 I had to run up the stairs.
(엘리베이터가 고장 난 상황) 어쩔 수 없이 계단으로 올라가야만 했어.

SMALL TALK 1 전날 밤 모임을 가졌던 친구 사이의 대화

How late did you guys stay out* last night?

너희들 어젯밤에 몇 시까지 밖에서 논 거야?

3 a.m. It was so late that we **had to take** a taxi home.

새벽 3시. 너무 늦어서 어쩔 수 없이 택시 타고 집에 갔어.

SMALL TALK 2 제품 환불에 관한 부부 사이의 대화

Did you take those boots back to the department store?

그 부츠 백화점에 도로 가져간 거야?

Yes, but they wouldn't give me a refund.

응, 그런데 환불을 안 해주려 하더라고.

What did you do then?

그래서 어떻게 했어?

I **had to exchange** them for this jacket.

어쩔 수 없이 이 재킷으로 교환했지 뭐.

Good to Know

* on time: 늦지 않게, 정시에
* stay out: 밤늦은 시각에 밖에 있다, 밖에서 놀다

I'm about to leave. See you soon.

지금 막 나가려고 해요. 이따 봐요.

김재우의 영어관찰일기

「be동사(am/are/is) + about + to부정사」는 '막 ~하려 한다, ~하기 직전이다'라는 뜻의 표현입니다. 사람뿐만 아니라 경기, 콘서트, 행사 등이 주어 자리에 오는 경우도 많습니다. SMALL TALK ②에서 처럼 be동사를 과거형으로 써서 '막 ~하려던 참이었다'라는 용례로도 많이 쓰입니다.

MODEL EXAMPLES

1 Put your phone away*. We're about to have dinner.
휴대폰 치우거라. 이제 곧 저녁 먹어야지.

2 She's about to have the baby. I'm at the hospital.
(아내가 출산을 앞둔 상황) 아내가 곧 분만을 해요. 저 지금 병원이에요.

3 The plane is about to take off. I'll call you when I land.
비행기가 곧 이륙해. 도착해서 전화할게.

4 Shh! The movie is about to start.
쉿! 영화가 곧 시작하잖아.

SMALL TALK ❶ 불꽃놀이를 보기로 한 친구들의 통화

I'm almost there. I just need to pick up* a bottle of wine first.

거의 다 왔어. 와인 한 병만 사면 돼.

Hurry up. The fireworks **are about to start.**

서둘러. 불꽃놀이가 곧 시작한단 말이야.

SMALL TALK ❷ 약속 장소에 도착한 친구들의 대화

Where's Chris? Isn't he coming?

크리스는 어디 있어? 안 오는 거야?

There he is.

저기 있네.

Oh, I **was about to call** him.

아, 전화하려던 참이었는데.

He's always running late.

크리스는 늘 늦잖아.

Good to Know

* put away: '~을 (멀리) 치우다'라는 의미의 구동사입니다.
* pick up: '~을 사다'라는 의미에서는 buy와 같지만, 보통 '어디에 가는 길에 ~을 사 가다'라는 어감의 표현입니다.

So you won't be able to hang out until then?

그래서 그때까지는 (나와) 시간을 보내지 못한다는 말이에요?

김재우의 영어관찰일기

「be able+to부정사」에 not이 들어가 부정문이 되면 '여건이나 상황상 ~을 할 수 없다'라는 의미입니다. 바로 이 부분이 '능력'에 초점을 둔 표현인 can과 다른 점입니다. 사정이 있어 헬스장에 가지 못하고 있는 경우 I haven't been able to hit the gym.이라고 말할 수 있습니다.

MODEL EXAMPLES

1 I won't be able to make it this weekend.
이번 주말엔 못 가요.

2 I wasn't able to find the cookies you like.
(쿠키를 사다 달라고 한 친구에게) 네가 좋아하는 쿠키는 없더라고.

3 He said they're not able to sell it to me because they're sold out.
그의 말로는 그 물건이 완판이 되어서 판매를 할 수가 없대요.

4 I wasn't able to access your website this morning.
오늘 아침에 홈페이지 접속이 안 되었습니다.

SMALL TALK ① 동창 모임을 앞두고 친구 사이의 카카오톡 대화

Everyone is looking forward to seeing you this weekend!

다들 이번 주말에 널 보고 싶어 해!

I'm sorry, but I **won't be able to make** it after all.

미안한데, 결국 나 못 가.

SMALL TALK ② 업무 지시를 한 팀장과 팀원의 대화

I asked you to send it by last week, but I still haven't received it.

지난주까지 보내 달라고 요청했는데, 아직 받지 못했어요.

I apologize. I **wasn't able to finish**.

죄송해요. 다 하지 못했어요.

You need to get it done as soon as possible.

최대한 빨리 마무리해 주세요.

Understood!*

알겠습니다!

Good to Know

* Understood!: 상대의 말을 '알아들었다, 잘 이해했다'라는 의미의 관용 표현으로 Your message is understood.에서 understood만 남은 것입니다.

Why don't we just stop at the rest stop for 10 minutes?

그럼 그냥 휴게소에서 10분 쉬어 갈까요?

김재우의 영어관찰일기

상대에게 제안을 할 때 가장 흔히 쓰는 영어 표현은 「Why don't we/you+동사+목적어?」입니다. 오늘 학습할 표현은 중간에 just를 넣은 「Why don't we/you just+동사+목적어?」입니다. 상황이 여의치 않아 어쩔 수 없이 어떤 선택을 해야 할 때 쓸 수 있는 매우 유용한 구문이며, 원어민이 매우 즐겨 쓰는 만큼 반복 연습을 통해 꼭 입에 붙이도록 합시다.

MODEL EXAMPLES

1 Why don't we just donate them?
그것들을 그냥 기부하는 게 어때?

2 Why don't we just order pizza?
그냥 피자 시켜 먹는 게 어때?

3 Why don't we just postpone the trip?
그냥 여행을 연기하는 게 어떨까?

4 Why don't we just take the long, more gradual* way up?
(등산을 하는 상황) 그냥 오래 걸려도 좀 더 완만한 길로 올라가는 게 어떨까?

SMALL TALK 1 채용 면접을 앞둔 남편과 아내의 대화

I'm not sure if I should wear a tie.

넥타이를 해야 할지 잘 모르겠네.

Why don't you just bring it, to be safe?

혹시 모르니 그냥 가져가 보는 게 어때?

SMALL TALK 2 휴가지를 놓고 고민하는 부부의 대화

We've been to Jeju so many times.

우리 제주도는 많이 가 봤잖아.

Yeah, and Yangyang will be so crowded.

응, 그리고 양양은 사람이 너무 많을 거야.

Why don't we just book a few nights at a nice hotel here in Seoul?

그럼 그냥 서울 시내 좋은 호텔에 몇 박 예약할까?

A staycation*? That sounds fun!

스테이케이션을 하자고? 재미있겠다!

Good to Know

* gradual: 경사가 완만한, 점진적인, 서서히 일어나는
* staycation: 휴가 중에 먼 곳으로 떠나지 않고 집이나 집 근처에서 휴가를 보내는 것을 말합니다.

How do you like working on your own?

혼자 일하는 거 어때요?

김재우의 영어관찰일기

How do you like ~?는 '어떻게 ~을 좋아하니?'라는 뜻이 아니라 무언가에 대한 상대방의 생각이나 의견을 묻는 질문입니다. 서울에 거주하는 미국인에게 서울 생활이 마음에 드는지 물어보려면 How do you like living in Seoul?이라고 할 수 있습니다. How do you like ~?는 상대에게 긍정적이고 호의적인 답변을 기대하면서 묻는 말이라는 점도 기억해 두세요.

MODEL EXAMPLES

1 **How do you like** working with your father-in-law?
상인어른이랑 같이 일하니까 어때?

2 **How did you like** the house you checked out last week?
지난주에 본 집 어땠어요?

3 **How do you like** your new car?
새로 산 차 어때요?

4 **How do you like** my perm?
(최근 미용실에 다녀온 사람이 친구에게) 내 펌 어때?

SMALL TALK 1 콘서트에 다녀온 친구와의 대화

How did you like the concert last night?

어젯밤 콘서트는 어땠어?

The singer was lip-syncing the whole time*, so it was disappointing.

가수가 콘서트 내내 립싱크를 하더라고. 실망이었어.

SMALL TALK 2 직장 상사를 주제로 한 친구 사이의 대화

How do you like working for Andrew?

앤드루 밑에서 일하는 거 어때?

Um... I can't complain.*

음… 나쁘지는 않아.

What is he like at work?

그 사람 회사에서는 어때?

He's easy-going, but sometimes he can be forgetful.

무난하긴 한데, 가끔씩 깜박깜박할 때가 있어.

Good to Know

* the whole time: '~하는 내내'를 의미하는 부사입니다.
* I can't complain.: '나쁘지 않다.', '그 정도면 괜찮다.'라는 의미로 어느 정도 만족한다는 어감의 표현입니다.

You went on a blind date? What was he like?

소개팅했다면서요? 그 남자 어땠어요?

김재우의 영어관찰일기

「What is/was + 사람/사물 + like?」 또는 What is/was it like?는 사람, 사물, 상황 등이 어떤지[어땠는지] 물어볼 때 씁니다. 가령 '밴쿠버 날씨가 어떠하냐?'라는 말은 What's the weather like in Vancouver?라고 합니다. 사람이나 사물의 성질이나 특성에 대해 묻거나 상대방의 경험 등이 어땠는지 물어볼 때 이 표현을 쓴다는 것을 꼭 기억하세요.

MODEL EXAMPLES

1 You met the CEO? What's she like?
CEO 만났다며? 그 사람 어때?

2 Did you really have dinner with Ohtani? What's he like?
정말 오타니랑 저녁을 먹은 거야? 오타니 어때?

3 I heard that you hiked Mt. Halla. What was it like?
한라산 등산했다며. 어땠어?

4 You got to ride in an F1 car? What was it like?
F1 자동차 타 볼 기회가 있었다며? 어땠어?

SMALL TALK 1 시댁 어른에 관한 회사 동료 사이의 대화

What are your in-laws like?

시부모님은 어때요?

His father is a gentleman, but kind of cold.

시아버지는 신사분이시지만, 좀 차갑기도 해요.

SMALL TALK 2 브리즈번 여행을 다녀온 친구와의 대화

Welcome back, Kate. What was Brisbane like?

돌아왔구나, 케이트. 브리즈번은 어땠어?

It was heaven on earth*.

정말 너무너무 좋더라.

Really? Did you check out the Kangaroo Point Cliffs*?

정말? 캥거루 포인트 클리프스에는 가 본 거야?

Yeah, the views were amazing.

응, 경치가 끝내주더라고.

Good to Know

* heaven on earth: 매우 유쾌하고 즐거웠던 장소나 상황을 나타내는 관용 표현입니다.
* Kangaroo Point Cliffs: 호주 브리즈번에 위치한 공원입니다.

I don't really feel like eating out tonight.

오늘 밤에는 외식이 썩 내키지 않아요.

김재우의 영어관찰일기

'~하고 싶은 기분이 든다/들지 않는다'라고 할 때는 **feel like -ing** 또는 **don't feel like -ing**로 표현합니다. 이 표현은 **feel**이라는 동사를 써서 '기분(mood)상 ~하다'라는 어감을 전달합니다. 부정문의 경우 **don't** 다음에 **really**를 붙임으로써 조금 부드럽게 표현할 수 있다는 것도 알아 둡시다.

MODEL EXAMPLES

1 I don't feel like going to the gym tonight.
오늘 밤에는 헬스장 가기가 싫네.

2 I don't really feel like talking right now.
지금은 별로 이야기할 기분이 아니야.

3 Do you feel like going camping next weekend?
다음 주말에 캠핑 갈 생각 있어?

4 If you feel like going out for drinks later, give me a call.
이따가 술 한잔하러 갈 생각 있으면 전화 줘.

SMALL TALK ❶ 소개팅을 한 친구와의 대화

How was the movie? Did you and Jane have fun?

영화는 어땠어? 너랑 제인이랑 재미있게 본 거야?

We **didn't feel like watching** a movie, so we hung out at a bar.

둘 다 영화 보는 게 내키지 않아서 술집에 가서 놀았어.

SMALL TALK ❷ 친구에게 소개팅 제안을 하는 대화

Hey, would you be interested in* going on a date with my colleague's friend?

이봐, 내 동료의 친구랑 소개팅하는 거 관심 있어?

I'm not sure.

잘 모르겠어.

Well, if you **don't feel like it**, that's okay.

음, 내키지 않으면 놔둬.

I might be interested, but please tell me something about him first.

생각이 전혀 없지는 않은데, 그래도 우선 그 사람에 대해 얘기를 좀 해 줘봐.

Good to Know

* be interested in: ~에 관심이 있다, ~을 할 생각이 있다

I'm so glad you're finally taking a vacay*.

드디어 휴가를 간다니 정말 다행이에요.

김재우의 영어관찰일기

'~해서 다행이다'라는 우리말에 가장 가까운 영어 표현은 바로 「I'm (so) glad + 주어 + 동사」입니다. '기쁘다, 좋다'라는 어감을 띠기도 하나, '~해서 다행이다'라는 의미로 많이 쓰입니다. 행사에 못 올 줄 알았던 사람이 왔다면 I'm glad you could make it.이라고 표현할 수 있으며, 남자 친구와 헤어진 게 차라리 잘된 일이라는 심정을 표현할 때는 I'm glad we broke up.이라고 하면 됩니다.

MODEL EXAMPLES

1 I'm glad you're feeling better.
몸이 좀 나아지고 있다니 다행이에요.

2 I'm glad you enjoyed the performance.
공연이 재미있었다니 다행이군.

3 I'm glad you found a job.
직장을 구했다니 다행이다.

4 I'm so glad I came across your English conversation book!
선생님의 영어회화 책을 우연히 발견하게 되어서 얼마나 다행인지요!

SMALL TALK 1 한참 만에 휴가를 떠나는 친구와의 대화

I leave for Italy tomorrow morning.
내일 아침 이탈리아로 출발해.

I'm glad you're finally taking some time off.
드디어 좀 쉬게 되었다니 다행이다.

SMALL TALK 2 이사 온 집에 처음 방문한 부모님과의 대화

What took you so long?
왜 이리 오래 걸리셨어요?

We took the subway in the wrong direction.
지하철을 잘못 탔어.

Oh, well I'm glad you somehow* managed to get here.
아, 그래도 잘 찾아오셔서 다행이에요.

Yeah, the subway employee was very helpful.
응, 지하철 직원이 너무 친절하게 도와줬어.

Good to Know

* vacay: vacation(휴가)의 비격식체 표현입니다.
* somehow: '어떻게, 왜 그런지는 모르지만'이라는 의미의 부사로, 여기에서는 '어떻게 찾아왔는지는 모르지만 어쨌든 길을 잘 찾아왔다'라는 뜻으로 쓰였습니다.

REVIEW TEST DAY 61~70

61 We my uncle's birthday in Suwon.

삼촌 생신 축하하러 수원에 다녀왔습니다.

62 I how you're doing.

그냥 어떻게 지내는지 궁금해서 연락했어요.

63 I woke up late, so I a taxi to work.

늦잠 자서 어쩔 수 없이 택시 타고 출근했어요.

64 I'm leave. See you soon.

지금 막 나가려고 해요. 이따 봐요.

65 So you won't hang out until then?

그래서 그때까지는 (나와) 시간을 보내지 못한다는 말이에요?

66 just stop at the rest stop for 10 minutes?

그럼 그냥 휴게소에서 10분 쉬어 갈까요?

67 working on your own?

혼자 일하는 거 어때요?

68 You went on a blind date? What was ?

소개팅했다면서요? 그 남자 어땠어요?

69 I don't really out tonight.

오늘 밤에는 외식이 썩 내키지 않아요.

70 you're finally taking a vacay.

드디어 휴가를 간다니 정말 다행이에요.

정답 | **61** went to celebrate **62** just wanted to know **63** had to take **64** about to **65** be able to **66** Why don't we **67** How do you like **68** he like **69** feel like eating **70** I'm so glad

DAY 71~80

DAY 71 **I'll come by your place to pick you up at 8, if that's OK with you.**
괜찮으면 8시에 집으로 데리러 갈게요.

DAY 72 **Do you mind if we meet in my area this time?**
이번에는 우리 동네에서 만나는 거 괜찮아요?

DAY 73 **My car keeps making a weird sound.**
제 차에서 계속 이상한 소리가 나요.

DAY 74 **I just ended up watching Netflix all day.**
하루 종일 넷플릭스만 보고 말았어요.

DAY 75 **I still have trouble driving on the left.**
왼쪽 차로로 운전하는 건 여전히 어렵네요.

DAY 76 **I had a different car in mind, actually.**
사실 다른 차를 생각하고 있었어요.

DAY 77 **I'm not used to waking up so early.**
그렇게 일찍 일어나는 게 익숙하지 않아요.

DAY 78 **I got you an Americano.**
당신 주려고 아메리카노 한 잔 사 왔어요.

DAY 79 **I owe you big time.**
제가 큰 신세를 졌네요.

DAY 80 **Let me go see if we have your size.**
고객님 사이즈가 있는지 한번 확인해 볼게요.

I'll come by your place to pick you up* at 8, if that's OK with you.

괜찮으면 8시에 집으로 데리러 갈게요.

김재우의 영어관찰일기

오늘은 다음 두 가지 형태의 표현을 학습하겠습니다. ❶ If it's/that's okay with you ~(괜찮으시면 ~) ❷ That's okay with me.(저는 괜찮아요.) ❶은 상대의 양해를 구할 때 쓰는 표현이며, ❷는 상대의 제안에 대해 아주 적극적인 정도는 아니지만 그런대로 동의하는 표현입니다. 특히 ❶의 경우 눈으로는 쉽게 이해되지만 막상 입에서는 잘 안 나오는 표현이니 많은 연습이 필요합니다.

MODEL EXAMPLES

1 If it's OK with you, I will bring cookies to class tomorrow.

(학생이 선생님에게) 괜찮으시면 내일 수업에 과자 가져갈게요.

2 If it's OK with you, I need to go home a little early today.

(팀원이 팀장에게) 괜찮다면 제가 오늘은 조금 일찍 퇴근해야 할 것 같아요.

3 A: They don't sell alcohol here.

여기는 술을 안 파네.

B: That's OK with me. I don't drink.

난 상관없어. 난 술 안 마시니까.

SMALL TALK 1 약속 시간에 대한 친구 사이의 카카오톡 대화

I can meet you at 7 instead of 6, if you're running late*.

너 늦으면 6시 말고 7시에 봐도 돼.

Oh, **if that's OK with you**, that'd be great.

아, 네가 괜찮으면 그렇게 하면 너무 좋지.

SMALL TALK 2 저녁 약속을 한 친구 사이의 대화

Sean says he wants Chinese food for dinner tonight.

숀은 오늘 저녁으로 중국 음식이 먹고 싶다고 하네.

That's okay with me.

난 괜찮아.

Cool, I'll send you the address.

좋아, 주소 보낼게.

I'll try to be on time.

늦지 않게 가도록 할게.

Good to Know

* pick + 사람 + up: ~를 데리러 가다, 마중 나가다
* run late: '(약속 시간, 장소 등에) 늦다'라는 뜻의 관용 표현으로, 이때 run은 become과 비슷한 의미입니다.

Do you mind if we meet in my area* this time?

이번에는 우리 동네에서 만나는 거 괜찮아요?

김재우의 영어관찰일기

양해를 구하거나 조심스럽게 부탁할 때는 「Do you mind if + 주어 + 동사?」 또는 Do you mind -ing? 구문을 이용합니다. 행위의 주체가 I/we이면 Do you mind if ~를, you이면 Do you mind -ing?를 씁니다. Do you mind if I ask you a question?은 '질문 하나 해도 될까요?', Do you mind answering the phone?은 '전화 좀 받아 주실래요?'라는 의미입니다.

MODEL EXAMPLES

1 **Do you mind if I bring** my dog with me?
(데이트하러 가는 상황에서) 강아지 데리고 나가도 될까요?

2 **Do you mind if I borrow** this chair?
이 의자 좀 써도 될까요?

3 **Do you mind helping** me move this Friday?
이번 금요일에 나 이사하는 거 좀 도와줄 수 있을까?

4 **Do you mind picking** up the clothes from the dry cleaners?
세탁소에서 옷 좀 찾아올 수 있을까?

SMALL TALK 1 카페에서 손님 사이의 대화

Do you mind if I use that outlet next to you?

옆에 있는 콘센트 제가 좀 사용해도 될까요?

Not at all.* Go ahead.

그럼요. 쓰세요.

SMALL TALK 2 구매한 가구를 찾으러 가려는 친구와의 대화

I need to pick up a table later tonight for my place.

이따 밤에 우리 집에 둘 테이블 찾으러 가야 해.

Do you need any help?

내가 좀 도와줄까?

Actually, yes. Do you mind helping me carry it to and from my car?

응, 그래. 차에 싣고 내리는 거 좀 도와줄 수 있을까?

No, I don't mind. What time shall we meet?

당연히 도와줘야지. 몇 시에 볼까?

Good to Know

* in my area: '내가 있는 곳, 우리 동네'라는 뜻의 관용 표현입니다.
* Not at all.: Do you mind ~?(~해 줄 수 있나요?)에 대한 긍정의 답은 Not at all. 또는 Sure.로 표현합니다.

My car keeps making a weird sound.

제 차에서 계속 이상한 소리가 나요.

김재우의 영어관찰일기

keep -ing 구문은 「사람+keep(s) -ing」와 「사물+keep(s) -ing」와 같이 크게 두 가지로 나눌 수 있습니다. 재채기가 멈추지 않는 경우에는 keep sneezing, 전자 제품 등이 계속 저절로 꺼지는 경우에는 keeps turning itself off라고 할 수 있습니다. 결코 어렵지 않은 표현이지만, 실제로 활용하기가 은근히 까다로우니 반복 연습만이 답입니다.

MODEL EXAMPLES

1 My boyfriend keeps commenting on* my appearance.
제 남자 친구가 계속 제 외모에 대해 지적해요.

2 I keep losing money in the stock market.
저는 주식 시장에서 계속 돈을 잃고 있어요.

3 My daughter keeps complaining about school.
제 딸이 학교에 대해 계속 불평을 합니다.

4 Each year it just keeps getting hotter and hotter.
해가 갈수록 날씨가 점점 더 더워지고 있습니다.

SMALL TALK 1 차에 관한 친구 사이의 대화

My car keeps breaking down*.

차가 계속 고장이 나네.

Really? Your car is only two years old.

정말? 네 차 겨우 2년밖에 안 됐잖아.

SMALL TALK 2 자꾸 휴대폰을 확인하는 친구와의 대화

Why do you keep looking at your phone?

왜 자꾸 휴대폰을 보는 거야?

I'm worried about the weather on Sunday.

일요일 날씨가 걱정돼서.

Why? What are you doing Sunday?

왜? 일요일에 뭐 하는데?

I have tickets to a baseball game, and I'm hoping it doesn't get rained out*.

야구 경기 표가 있거든. 우천으로 취소되면 안 되는데.

Good to Know

* comment on: ~에 대해 언급하다, 지적하다
* break down: 기계 등이 고장 나다(고장이 나서 서 버리다)
* rain out: 행사나 경기가 비 때문에 취소되거나 연기되는 상황을 의미하는 관용 표현입니다.

I just ended up watching Netflix all day.

하루 종일 넷플릭스만 보고 말았어요.

김재우의 영어관찰일기

'의도치 않게[계획과는 달리] ~하게 되다, 결과적으로 ~하게 되다'라고 할 때는 end up -ing로 표현합니다. 술집이 전부 문을 닫아서 '결국 공원에서 맥주를 마셨다.'라는 말은 We ended up drinking beer in the park.라고 할 수 있습니다.

MODEL EXAMPLES

1 I usually end up watching YouTube after work.
퇴근하고 나면 유튜브를 보게 되는 경우가 대부분이에요.

2 I ended up walking all the way home.
의도치 않게 집까지 걸어가게 되었어요.

3 I ended up picking up the tab*.
(원래 그럴 생각이 없었지만 어찌하다 보니) 제가 계산을 하고 말았습니다.

4 I was going to cook a healthy dinner, but I ended up ordering pizza, instead.
몸에 좋은 저녁을 만들어 먹을 생각이었지만, 결국 피자를 시키고 말았어요.

SMALL TALK ① 회사 동료 사이의 카카오톡 대화

Hey, John, how was the meeting?

안녕, 존, 회의는 어땠어요?

I'm not sure; I woke up late and ended up missing the meeting.

저도 잘 모르겠어요. 늦게 일어나는 바람에 회의에 참석을 못 했어요.

SMALL TALK ② 코를 많이 고는 친구와의 대화

Charles, you look exhausted.

찰스, 너 엄청 피곤해 보인다.

My wife was upset at me again.

아내가 또 나한테 화가 났어.

What was it about this time?

이번엔 또 무슨 일인데?

My snoring kept bothering her, so I ended up sleeping on the sofa.

내가 코를 골아서 계속 거슬렸나 봐. 그래서 난 결국 소파에서 잤어.

Good to Know

* pick up the tab: 직역하면 '계산서를 집어 들다'는 뜻으로 '계산[값]을 치르다'라는 의미의 관용 표현입니다.

I still have trouble driving on the left.

왼쪽 차로로 운전하는 건 여전히 어렵네요.

김재우의 영어관찰일기

'~을 하는 데 애를 먹다, 어려움을 겪다'에 해당하는 have trouble -ing 구문은 직설적인 말투를 피하고 넌지시 어려움을 토로할 때 쓰면 안성맞춤인 표현입니다. 어떤 외국인이 '젓가락 사용이 여전히 어려워요.'라는 말을 I still have trouble using chopsticks.라고 표현하더군요. 이때 have trouble 대신 I can't ~로 표현하면 직설적으로 들린다는 점도 알아 두세요.

MODEL EXAMPLES

1 My son **has trouble making** friends.
제 아들이 친구 사귀는 데 어려욱을 겪고 있습니다.

2 We **are having trouble getting** pregnant.
(부부가 하는 말) 저희가 임신에 애를 먹고 있습니다.

3 I **have trouble controlling** my diet.
식단 관리하는 게 어렵습니다.

4 I'm **having trouble finding** a job these days.
요즘 일자리 구하는 게 쉽지가 않네요.

SMALL TALK 1 한국인과 외국인 친구 사이의 대화

How about* we get some soft tofu stew for dinner tonight?

오늘 저녁은 순두부찌개 먹는 거 어때?

I still have trouble eating spicy Korean foods, so maybe not.

아직 매운 한국 음식에 적응이 안 돼서 좀 그런데.

SMALL TALK 2 업무상 애플 제품 사용이 필수인 직장인의 대화

I still have trouble using Apple products.

애플 제품 사용이 여전히 쉽지 않네요.

Don't worry. You'll get used to* it soon.

걱정 마세요. 금방 적응할 겁니다.

I hope so. That's what everybody tells me.

그랬으면 좋겠네요. 다들 그럴 거라고 하더라고요.

I felt the same way when I started working here.

저도 이 회사에서 처음 일했을 때 똑같은 어려움이 있었답니다.

Good to Know

* How about + 주어 + 동사?: '~하는 게 어때(요)?'의 의미로 제안할 때 쓰는 표현입니다.
* get used to + (동)명사: ~에 익숙해지다, ~이 편해지다

I had a different car in mind, actually.

사실 다른 차를 생각하고 있었어요.

김재우의 영어관찰일기

'~을 염두에 두다, ~에 관해 생각하고 있다'라는 말은 「have/has + 사물/사람 + in mind」로 표현합니다. 친구가 저녁으로 뭘 먹을지 물어보는데 딱히 생각나는 게 없다면 I don't have anything in mind.라고 하면 됩니다. 분명히 학습한 표현인데도 막상 원어민과 실제로 대화할 때는 잘 생각나지 않는 대표적인 표현이기도 하니 평소에 열심히 연습해 두세요.

MODEL EXAMPLES

1 I had something in mind, but I'm up for* anything.
(뭘 먹을지 정하는 상황) 원래는 생각해 둔 게 있긴 한데, 뭐라도 좋아.

2 I have a specific* café in mind for dessert.
디저트는 생각해 둔 카페가 있어.

3 What do you have in mind?
(상점 직원이 손님에게 하는 말) 어떤 것을 생각하고 계세요?

4 What kind of business do you have in mind?
어떤 사업을 생각하고 있는 건데?

SMALL TALK ❶ 여름휴가 계획에 관한 친구 사이의 대화

Are you going anywhere this summer?

이번 여름에 어디 갈 거야?

I had Europe in mind. Maybe Italy.

유럽에 갈까 생각 중이었지. 어쩌면 이탈리아에 갈 수도 있어.

SMALL TALK ❷ 저녁 메뉴에 관한 친구들 사이의 대화

Are we meeting tonight for dinner?

우리 오늘 밤 만나서 저녁 먹는 거야?

Of course.

물론이지.

What do you guys have in mind?

너희들 무슨 메뉴 생각하고 있는 건데?

We were thinking of Indian food.

인도 음식 먹을까 했지.

Good to Know

* be up for + 명사 : '~이 좋다'라는 뜻의 적극적인 찬성의 표현입니다.
* specific: 특정한, 구체적인

I'm not used to waking up so early.

그렇게 일찍 일어나는 게 익숙하지 않아요.

김재우의 영어관찰일기

'~에 익숙하다'라는 말은 「be used to + (동)명사」로 표현합니다. not과 함께 부정문으로 쓰면 '~이 어색하다/익숙하지 않다' 정도의 의미가 됩니다. 첫 공연을 마친 신인 배우가 많은 사람이 자신을 보고 있는 게 어색한 경우라면 I'm not used to all those people watching me.라고 말할 수 있겠죠.

MODEL EXAMPLES

1 My dog isn't used to being around so many people.
저희 개는 사람들이 많은 데 있는 게 익숙하지 않아요.

2 I'm not used to doing nothing, so vacations are hard for me.
나는 아무것도 안 하면 불안해. 그래서 휴가가 힘들어.

3 My grandma is not used to taking public transportation by herself.
저희 할머니는 혼자 대중교통을 이용하는 데 익숙하지 않아요.

4 I'm not used to having my picture taken.
저는 사진 찍히는 게 익숙하지 않아요.

SMALL TALK ① 스포츠카를 구매한 친구와의 대화

This car is nice, but isn't it hard to get in and out of?

이 차 너무 좋네. 근데 타고 내리기 어렵지 않아?

Yeah, I'm still **not used to getting** into such a low car.

응, 아직도 이런 낮은 차에 타는 게 적응이 안 되네.

SMALL TALK ② 일본 여행에서 있었던 일에 관한 대화

How was your trip to Japan?

일본 여행은 어땠어?

It was nice until I got into a car accident*.

차 사고가 날 때 까지는 좋았지.

Oh no, what happened?

이런, 어떻게 된 건데?

I **wasn't used to driving** on the left and I ended up crashing.

왼쪽 도로로 운전하는 게 익숙하지가 않아서 사고가 났어.

Good to Know

* get into a car accident: '교통사고가 나다'라는 의미입니다. get into는 '어떠한 상황에 빠지다'라는 의미의 구동사입니다.

I got you an Americano.

당신 주려고 아메리카노 한 잔 사 왔어요.

김재우의 영어관찰일기

「get+사람+사물」은 '~에게 …을 가져다주다[구해 주다, 사다 주다]'라는 의미를 지닌 4형식(동사+간접목적어+직접목적어) 구문으로 일상 회화에서 정말 자주 쓰입니다. 옆방에 코트를 둔 손님에게 '코트를 가져다 드릴게요.'라고 하려면 I will get you a coat.라고 하면 되고, 친구에게 주려고 커피를 사 온 상황에서는 I got you some coffee.라고 할 수 있습니다. 거의 매일 쓰는 표현이니 입에 꼭 붙입시다.

MODEL EXAMPLES

1 I got you this nice ring.
(여행에서 엄마 선물을 사 온 상황) 엄마 드리려고 이 멋진 반지를 사왔어요.

2 I got you some coffee beans from my trip.
여행 갔다가 너 주려고 원두 사 왔어.

3 My brother got me a grill for* my birthday.
제 남동생이 제 생일 선물로 그릴을 사다 줬어요.

4 Could you get me the screwdriver from my bag?
제 가방에 있는 드라이버 좀 갖다주시겠어요?

SMALL TALK 1 회사 동료 사이의 대화

I'm gonna go to a convenience store. Can I get you anything?

저 편의점 갈 건데 뭐 사다 드릴까요?

Yeah, could you **get me some gum**, please?

네, 껌 좀 사다 주실 수 있을까요?

SMALL TALK 2 구두쇠 원장에 대한 학원 강사들 사이의 대화

This office is so cold.

이 사무실 너무 춥네요.

You know, the boss doesn't like to use the heater until the kids arrive.

원장님이 아이들이 도착하기 전에는 히터 트는 걸 안 좋아하잖아요.

He's so cheap*.

정말 너무 짠돌이셔.

I'll **get you a blanket**.

담요 갖다줄게요.

Good to Know

* for: for my birthday에서의 for는 생일을 '맞아'라는 의미입니다.
* cheap: 여기서는 '짠돌이'라는 의미의 명사로 쓰였습니다.

I owe you big time.

제가 큰 신세를 졌네요.

김재우의 영어관찰일기

동사 owe는 '~에게 …을 빚지고 있다'라는 의미이며, 문법적으로는 4형식(owe + 간접목적어 + 직접목적어)으로 사용됩니다. 금전적인 빚을 지고 있는 상황뿐만 아니라 신세를 지었거나, 누군가에게 한턱을 내야 하는 상황에서도 사용할 수 있습니다. 예를 들어, 이사를 도와준 친구에게 '한잔 사야겠어.'라고 하고 싶으면 I owe you a drink for helping me move.라고 말할 수 있습니다.

MODEL EXAMPLES

1 You owe me five bucks.

너 나한테 5달러 줄 거 있어.

2 Can you help me out this once? I'll owe you one.

(돈을 빌려 달라고 하면서) 이번 한 번만 나 좀 살려 줄 수 있어? 신세 진 건 꼭 갚을게.

3 How much do you owe him?

그 친구한테 얼마를 빚진 거야?

4 I don't ask for help because I don't like owing people anything.

사람들에게 신세 지는 게 싫기 때문에 도와달라고 안 하는 거예요.

SMALL TALK 1 도움에 대한 감사를 제안하는 친구와의 대화

You helped so much. I feel like I owe you a drink.

큰 도움이 되었어. 너에게 술 한잔 사야 할 것 같아.

I'll pass on* the drink, but how about coffee?

술은 됐고, 커피 어때?

SMALL TALK 2 이사를 도와준 친구와의 대화

Thanks for helping me out with the move.

이사 도와줘서 고마워.

Sure, no problem! That's what friends are for.*

괜찮아, 그 정도 가지고! 친구 좋다는 게 뭐야.

I feel like I owe you a nice meal at least. Are you free tomorrow?

최소한 괜찮은 식사는 대접해야 할 것 같아. 내일 시간 돼?

I'll actually be out of town visiting family.

사실 (내일) 가족을 보러 가서 여기에 없을 거야.

Good to Know

* pass on: 상대의 제안을 정중히 거절할 때 쓰는 구동사 표현으로, 우리말의 '~는 놔두고' 정도에 해당합니다.
* That's what friends are for.: '친구 좋다는 게 뭐야.'라는 뜻의 관용 표현입니다.

Let me go see if we have your size.

(옷 가게에서) 고객님 사이즈가 있는지 한번 확인해 볼게요.

김재우의 영어관찰일기

「let me+동사원형」은 ❶ 어떠한 행위나 동작을 할 때 '내가 ~할게요.' ❷ 자신의 의지를 강하게 피력할 때 '내가 ~할 테니 그렇게 하도록 해 줘요.' ❸ 무언가를 확정하기 전에 '우선 확인해 볼게요[물어볼게요].' 등의 의미로 쓰입니다. 카센터 직원이 Let me check the engine.(엔진 한번 확인할게요.)이라고 하거나, 친구에게 Let me pay for coffee.(커피는 내가 살게.)라고 할 수 있습니다.

MODEL EXAMPLES

1 Let me look it up*.

(점원이 재고가 있는지 컴퓨터로 확인하면서) 한번 확인해 볼게요.

2 Hold on. Let me write this down.

(조언을 해주는 멘토에게 하는 말) 잠시만요. (말씀하시는 거) 적을게요.

3 Let me check my schedule and get back to you.

스케줄 확인하고 다시 연락드릴게요.

4 Let me give you a ride home.

제가 집까지 태워 줄게요.

SMALL TALK 1 신발 매장에서 고객과 점원의 대화

Hi, do you have these shoes in a size 270?

이 신발 270 사이즈로 있나요?

Let me go in the back and see.

뒤쪽 창고에 가서 확인해 보고 올게요.

SMALL TALK 2 카페 직원과 손님의 대화

Excuse me. Did you see a pink wallet left on that table over there?

죄송한데 저쪽 테이블 위에 분홍색 지갑 못 보셨어요?

I think I saw it. Let me check. What's your name?

본 것 같아요. 한번 확인해 볼게요. 성함이 어떻게 되시죠?

Carol Lee. Thank you.

캐럴 리입니다. 고마워요.

Yes, Carol, I believe this belongs to* you.

네, 캐럴 님, 이거 캐럴 님 거 같네요.

Good to Know

* look up: '(온라인 등에서) ~을 찾다, 검색하다'라는 의미의 구동사입니다.
* belong to + 사람: (물건 등이) ~의 소유[것]이다

REVIEW TEST DAY 71~80

71 I'll come by your place to pick you up at 8, with you.

괜찮으면 8시에 집으로 데리러 갈게요.

72 if we meet in my area this time?

이번에는 우리 동네에서 만나는 거 괜찮아요?

73 My car a weird sound.

제 차에서 계속 이상한 소리가 나요.

74 I just Netflix all day.

하루 종일 넷플릭스만 보고 말았어요.

75 I still on the left.

왼쪽 차로로 운전하는 건 여전히 어렵네요.

76 I a different car , actually.

사실 다른 차를 생각하고 있었어요.

77 I'm waking up so early.

그렇게 일찍 일어나는 게 익숙하지 않아요.

78 I an Americano.

당신 주려고 아메리카노 한 잔 사 왔어요.

79 I you big time.

제가 큰 신세를 졌네요.

80 go see if we have your size.

고객님 사이즈가 있는지 한번 확인해 볼게요.

정답 | **71** if that's OK **72** Do you mind **73** keeps making **74** ended up watching **75** have trouble driving **76** had / in mind **77** not used to **78** got you **79** owe **80** Let me

DAY 81~90

DAY 81 **My mom won't let me dye my hair.**
저희 엄마는 제가 염색을 못하게 해요.

DAY 82 **I feel a cold coming on.**
감기 기운이 있는 것 같아요.

DAY 83 **I can't believe they are getting married.**
그들이 결혼한다니 믿을 수가 없어요.

DAY 84 **I'm sure you will love it.**
틀림없이 당신 마음에 들 거예요.

DAY 85 **I'm not sure if this is the right way.**
이 길로 가는 게 맞는지 잘 모르겠어요.

DAY 86 **I need to talk to my professor about changing my major.**
전공 바꾸는 것에 대해 교수님과 얘기를 좀 해야 해요.

DAY 87 **This bar is too loud for good conversation.**
이 술집은 제대로 된 대화를 하기에는 너무 시끄러워요.

DAY 88 **Are you sure you're going to be warm enough?**
그렇게 입고 안 춥겠어요?

DAY 89 **I'm trying to spend less on clothing.**
옷 사는 데 돈을 좀 덜 쓰려고 노력 중입니다.

DAY 90 **When was the last time you slept really well?**
마지막으로 푹 잔 게 언제였나요?

My mom won't let me dye my hair.

저희 엄마는 제가 염색을 못하게 해요.

김재우의 영어관찰일기

'~하는 것을 허락하다'라고 할 때 allow, permit 등의 동사를 쓸 수도 있지만, 일상 회화에서는 let 동사를 가장 많이 씁니다. **「let+사람+동사원형」** 구문으로 쓰며 누가 '~하도록 두다, ~하는 것을 허락하다'라는 의미가 됩니다. 이러한 의미의 let 동사를 잘 활용하면 영어 말하기가 한결 수월해질 수 있으니 다양한 예문을 통해 연습해 보세요.

MODEL EXAMPLES

1 My teacher doesn't let us use our phones in class.
저희 선생님은 수업 중에 휴대폰을 사용하지 못하게 합니다.

2 My company lets us wear jeans on Fridays.
저희 회사는 금요일에는 청바지 입는 것을 허용합니다.

3 My boss wouldn't let me work from home.
상사가 재택근무는 안 된다고 했어.

4 Just let your daughter do what she wants.
딸이 하고 싶은 것을 하도록 놔둬.

SMALL TALK 1 음식점에 가는 중인 친구 사이의 대화

Don't worry about lunch. It's my treat.

점심은 걱정 마. 내가 살게.

Wow, thank you. You should let me buy you dinner next time, then.

우와, 고마워. 그럼 다음에 내가 저녁 살게.

SMALL TALK 2 문신을 주제로 한 친구 사이의 대화

Everyone has a tattoo these days.

요즘 다들 문신을 하네.

It's true. It wasn't like that* when we were younger.

맞아. 우리가 어릴 때는 안 그랬는데.

My parents would never let me get a tattoo.

우리 부모님이 절대 문신을 못 하게 했어.

You couldn't get a job back then* if you had one.

그때는 문신이 있으면 취직도 안 됐잖아.

Good to Know

* It wasn't like that ~: 여기서 it은 '상황'을 지칭하며 '(당시, 그때는) 지금처럼 이렇지 않았다'라는 의미입니다.
* back then: 과거의 어떤 시점을 지칭하며 '당시에는, 그때는'을 의미하는 관용 표현입니다.

I feel a cold coming on.

감기 기운이 있는 것 같아요.

김재우의 영어관찰일기

see, watch, hear, feel, smell 등과 같은 지각동사가 5형식으로 쓰이면 「지각동사+목적어(A)+목적격 보어(B)」의 어순을 취하며 'A가 B하는 것을 보다/듣다/느끼다/맡다'라는 의미가 됩니다. 이때 목적격 보어 자리에 현재분사(V-ing)가 오면 목적어가 하는 행위가 진행 중임을 나타냅니다. 예를 들어 '부엌에서 타는 냄새가 나는 것 같다.'라는 말은 I think I smell something burning in the kitchen.이라고 표현할 수 있습니다.

MODEL EXAMPLES

1 I just saw a mosquito flying around.
방금 모기가 날아다니는 걸 봤어요.

2 I heard them arguing last night.
(위층 집에서 싸우는 소리를 듣고) 지난밤 싸우는 소리가 들리더라.

3 I feel something crawling on me.
내 몸에 뭐가 기어다니는 느낌이 들어.

4 My parents like to watch me playing baseball.
저희 부모님은 제가 야구하는 걸 보는 걸 좋아합니다(자주 하십니다).

SMALL TALK ① 친구 아들의 춤 솜씨를 칭찬하는 대화

It's so sweet to watch your son dancing.

네 아들 춤추는 거 보니 너무 좋네.

Well, he's so talented! He definitely got it from his mom.

음, 춤 정말 잘 춰! 자기 엄마한테 물려받은 재능이야.

SMALL TALK ② 콘서트에 관한 친구 사이의 대화

Good morning, Pete.

안녕, 피트.

Hi, Sunmi. Did I hear you talking about the BTS concert earlier*?

선미야, 안녕. 아까 BTS 콘서트 얘기를 하는 것 같던데?

Yeah, it was an incredible time.

응, 정말 대단한 시간이었어.

I can't believe you got tickets.

BTS 콘서트 표를 구하다니 대단하다.

Good to Know

* earlier: '아까'라는 의미를 나타내는 표현입니다. '아까는 미안했어.'라는 말은 Sorry about earlier.로 표현할 수 있습니다.

I can't believe they are getting married.

그들이 결혼한다니 믿을 수가 없어요.

김재우의 영어관찰일기

예상하지 못한 일이나 당황스러운 일 등이 생겼을 때 '믿을 수가 없다, 어떻게 이럴 수가 있지?, 말이 돼?' 등의 어감으로 반응을 나타낼 때는 **「I can't believe+주어+동사」** 구문을 쓸 수 있습니다. 흥미로운 점은 너무 좋아서 믿기지가 않을 때 역시 이 구문을 써서 표현하면 간결하면서도 자연스러운 원어민식 영어가 된다는 것입니다.

MODEL EXAMPLES

1 **I can't believe I passed the test!**
내가 시험에 합격하다니 믿기지가 않아!

2 **I can't believe Nick broke up with me.**
닉이 나랑 헤어지다니 믿을 수가 없어.

3 **I can't believe it's only Tuesday.**
이제 겨우 화요일이라니 말도 안 돼.

4 **I can't believe they upgraded us to first class!**
우리를 일등석으로 업그레이드해 주다니 믿기지가 않아!

SMALL TALK ❶ 결혼기념일을 깜박한 남편과의 대화

I can't believe you forgot our wedding anniversary.
결혼 기념일을 잊다니 말도 안 돼.

I know!* I promise I'll make it up to you.
(당신 말이) 맞아! 꼭 만회할게.

SMALL TALK ❷ 시카고 여행 중 현지인과의 대화

How has your trip been so far?
지금까지의 여행은 어땠어요?

Good, but I can't believe how windy it is here.
좋았어요. 그런데 바람이 이렇게 많이 불다니 놀랐습니다.

Yes. They don't call it "The Windy City" for nothing*.
네. 괜히 '바람의 도시'라고 하는 게 아니죠.

I thought that was just a playful* nickname.
저는 그냥 애칭이라고만 생각했거든요.

Good to Know

* I know!: '맞아!, 그래!'라는 의미로 상대방의 말에 동의 또는 공감을 나타내는 표현입니다.
* not call + 목적어(A) + 목적격 보어(B) + for nothing: A를 괜히 B라고 부르는 게 아니다
* playful: 장난기 많은, 장난으로 하는, 농담의

I'm sure you will love it.

틀림없이 당신 마음에 들 거예요.

김재우의 영어관찰일기

'틀림없이, 보나 마나, 분명히'에 해당하는 영어 표현은 「I'm sure+주어+동사」 구문입니다. 다음 달에 애플 사에서 신규 폰이 출시된다는 소식을 듣고 I'm sure I can't afford it.(보나 마나 나는 못 사.)이라고 말하거나, 친구에게 맛있는 고깃집을 추천하면서 I'm sure you'll love it.(틀림없이 좋아할 거야.)이라고 할 수 있습니다. 입에 붙어 자연스럽게 구사할 수 있도록 연습하세요.

MODEL EXAMPLES

1 I'm sure you'll make* a great husband.
당신은 틀림없이 멋진 남편이 될 거예요.

2 You should try my hair stylist. I'm sure you'll like him.
내가 다니는 미용실에 한번 가 봐. 틀림없이 마음에 들 거야.

3 I'm sure you've already read it, but I just finished *Pride and Prejudice*.
보나 마나 넌 이미 읽었겠지만, 난 최근에야 《오만과 편견》을 다 읽었어.

4 If it's an Apple product, I'm sure it's overpriced*.
애플 제품이라면 보나 마나 비싸겠다.

SMALL TALK ① 연예기획사 대표와 가수 매니저 사이의 대화

Lisa seems nervous about her upcoming concert.

리사가 곧 있을 콘서트 때문에 긴장한 듯 보여요.

Oh, I'm sure she'll do great. Don't worry.

오, 그녀는 틀림없이 잘 할 거예요. 걱정 마세요.

SMALL TALK ② 미국 텍사스 IT 기업에 취업한 친구와의 대화

I'm nervous about moving to Texas.

텍사스로 이사 가는 게 좀 긴장이 되네.

Moving is never easy, but I'm sure you'll love it once you're settled.

새로운 곳으로 가는 건 결코 쉬운 일은 아니지만, 한 번 정착하면 틀림없이 만족할 거야.

Yeah, I am excited about my new job.

그래, 새로 구한 직장도 기대돼.

It must pay well, and the cost of living is low there.

급여도 좋을 거고, 텍사스는 물가도 안 비싸.

Good to Know

* make: 여기에서는 '~이 될 재목이다, 자질을 갖추고 있다'라는 의미입니다.
* overpriced: (가치에 비해) 가격이 너무 비싼

I'm not sure if this is the right way.

이 길로 가는 게 맞는지 잘 모르겠어요.

김재우의 영어관찰일기

「I'm not sure (if/whether) + 주어 + 동사」 구문은 무언가의 여부에 확신이 없을 때 쓸 수 있습니다. 구어체 영어에서는 **if/whether**가 자주 생략되기도 하며, **if/whether** 다음에 오는 주어로 **I'm not sure if I could make it to the party.** (파티에 갈 수 있을지 잘 모르겠네.), **I'm not sure if this is a genuine Rolex.** (이게 롤렉스 진품인지 잘 모르겠어.)처럼 사람과 사물 모두 올 수 있습니다.

MODEL EXAMPLES

1 **I'm not sure if the weather will cooperate.**
날씨가 따라줄지 잘 모르겠네.

2 **I'm not sure if Sam is the right guy for me.**
샘이 나한테 맞는 남자인지 확신이 들지 않아.

3 **I'm not sure if this outfit is appropriate for work.**
이 복장이 회사에 적절할지 잘 모르겠어.

4 **I'm not sure if I can make it to the gym tonight.**
오늘 밤에 헬스장에 갈 수 있을지 모르겠네요.

SMALL TALK ① SNS에 올라온 바지에 대한 부부의 대화

These red pants would look great on you.

이 빨간색 바지 당신이 입으면 잘 어울리겠어.

I'm not sure I could pull off red.

내가 빨간색을 소화할 수 있을지 모르겠네.

SMALL TALK ② 직장 동료 사이의 대화

Do you want to go out for coffee with us?

우리와 같이 나가서 커피 할래요?

Yes, but I'm not sure if I should. I'm waiting for a phone call.

네, 근데 나가도 될지 모르겠네요. 전화가 오기로 되어 있어서요.

OK, do you want us to bring you back something*?

알겠어요. 뭐 사다 드릴까요?

Oh, yes, please. A hot Americano would be amazing.

네, 좋죠. 따뜻한 아메리카노 한 잔이면 정말 좋겠어요.

Good to Know

* bring you back something: '상대방에게 무언가를 사다 주다'라는 의미로 get you something으로도 표현할 수 있습니다.

I need to talk to my professor about changing my major.

전공 바꾸는 것에 대해 교수님과 얘기를 좀 해야 해요.

김재우의 영어관찰일기

'~와 …에 관해 이야기를 나누다'라고 하려면 「talk to + 사람 + about + (동)명사」로 표현합니다. I need to talk to you about something.이라고 하면 '너와 할 얘기가 있어.'라는 뜻이며, I already talked to him about that.이라고 하면 '그 친구랑 벌써 그 이야기 나누었다.'라는 뜻입니다.

MODEL EXAMPLES

1 Sally needs to **talk to you about** the dinner party.
샐리가 저녁 파티와 관련해서 너랑 이야기 좀 해야 된대.

2 Did you **talk to your colleague about** filling in for* you while you're gone?
당신 자리 비우는 동안 당신 대신 일하는 것과 관련해서 동료랑 이야기 좀 해 봤어요?

3 Alex's teacher needs to **talk to me about** his grades.
(부부 사이의 대화) 알렉스의 선생님이 알렉스의 성적에 관해서 이야기 좀 하자셔.

4 I need to **talk to my doctor about** this rash* on my arm.
의사 선생님이랑 내 팔에 생긴 이 발진에 대해 이야기 좀 해야 해.

SMALL TALK ① 골프 여행을 제안하는 친구와의 대화

Andrew, you should come on this golf trip with us.

앤드루, 우리랑 같이 골프 여행 가자.

Hmm, maybe. I need to **talk to my wife about** it, first.

음, 글쎄. 우선 아내랑 이야기 좀 해 봐야 해.

SMALL TALK ② 엄마 생일 파티 준비에 관한 자매들의 대화

What are we going to do for Mom's birthday?

엄마 생신 때 뭐 할까?

I **talked to Dad about** planning a surprise party.

깜짝파티 계획에 대해 아빠랑 얘기했어.

Oh, are you sure that's a good idea?

아, 정말 괜찮을까?

Of course! She had a great time when we surprised her for her 60th.

당연하지! 엄마 환갑 때도 깜짝 파티 해드렸더니 엄마가 너무 좋아하셨잖아.

Good to Know

* fill in for: '잠시 동안 ~의 일을 대신하다, 대타로 뛰다'라는 의미의 구동사입니다.
* rash: 피부의 발진

This bar is too loud for good conversation.

이 술집은 제대로 된 대화를 하기에는 너무 시끄러워요.

김재우의 영어관찰일기

「too+형용사+for+(동)명사」 구문은 '~하기에는[~로는, ~에게는] 너무 …하다'라는 의미입니다. 예를 들어 어떠한 자동차가 '출퇴근용으로 너무 고급스럽다'라는 말은 too luxurious for daily commuting이라고 표현할 수 있습니다. for 다음에는 동명사(V-ing)가 올 수도 있는데, This weather is too hot for running.(달리기 하기에는 날씨가 너무 덥다.)이 좋은 예시입니다.

MODEL EXAMPLES

1 My feet are too big for these shoes.
이 신발을 신기에는 제 발이 너무 커요.

2 The weather is too cold for a picnic.
소풍 가기에는 날씨가 너무 추워요.

3 This computer is too slow for gaming.
이 컴퓨터는 게임을 하기에는 너무 느려요.

4 This bag is too heavy for traveling.
이 가방은 여행용으로는 너무 무거워요.

SMALL TALK 1 가구 매장에서 부부 사이의 대화

Honey, this sofa is so comfy*.

여보, 이 소파 너무 편하다.

Yeah, but don't you think it's **too big for our living room**?

그래, 근데 우리 거실에 놓기에는 너무 크다고 생각하지 않아?

SMALL TALK 2 명품 시계를 주제로 한 친구 사이의 대화

Have you heard of the watch brand Patek Philippe?

파텍 필립이라는 시계 브랜드 들어 봤어?

Sure! I asked my wife for one for Christmas.

당연하지! 아내에게 크리스마스 선물로 하나 사 달라고 했어.

Those watches are even* more expensive than Rolex.

그 브랜드 시계가 롤렉스보다 훨씬 더 비싸.

Oh, I didn't know that. Perhaps they are **too expensive for a Christmas gift**.

오, 그건 몰랐네. 그럼 크리스마스 선물로는 너무 비쌀지도 모르겠다.

Good to Know

* comfy: comfortable(편안한)의 구어체 표현입니다.
* even: 비교급 앞에서 비교급을 강조하여 '훨씬'이라는 의미를 나타냅니다.

Are you sure you're going to be warm enough?

그렇게 입고 안 춥겠어요?

김재우의 영어관찰일기

「형용사+enough」는 '(~할 만큼/~하기에) 충분히 …하다' 또는 '이 정도면 충분히 ~하다'라는 의미입니다. ❶ 「형용사+enough」 ❷ 「형용사+enough for+명사」 ❸ 「형용사+enough+to부정사」의 세 형태로 사용됩니다. 어떤 물건이 팔아도 될 만큼 좋다면 good enough to sell, 아이가 바이킹을 타기에는 키가 작다면 not tall enough for the Viking이라고 할 수 있습니다.

MODEL EXAMPLES

1 It's not perfect, but it's **good enough**. Let's move on.
(코치의 말) 아직 완벽하지는 않지만, 이 정도면 괜찮아. 다음 기술로 넘어가자.

2 That roller coaster wasn't **scary enough**!
그 롤러코스터 타 봤는데 생각만큼 안 무섭던데!

3 I think your English is **good enough for basic conversations**.
네 영어 실력이 기본적인 대화를 하기에는 충분한 것 같아.

4 I'm **hungry enough to eat** a whole pizza by myself*!
혼자 피자 한 판 다 먹을 수 있을 만큼 배가 고파!

SMALL TALK ① 헬스 트레이너와 회원의 대화

Do you think you can lift this?

이거 들 수 있겠어요?

No, I don't think I'm **strong enough**.

아니요, 그러기에는 제 힘이 약한 것 같아요.

SMALL TALK ② 시험을 앞둔 아들과 엄마의 대화

I don't know if I can pass the test.

시험을 통과할 수 있을지 모르겠어요.

Don't worry, you're definitely **smart enough**!

걱정하지 마, 너 충분히 똑똑하잖아!

Do you really think so?

정말 그렇게 생각하세요?

I do. You're going to pass for sure*.

그럼. 넌 틀림없이 합격할 거야.

Good to Know

* by oneself: '혼자서'라는 뜻의 관용 표현입니다.
* for sure: '확실히, 틀림없이'를 뜻합니다. That's for sure.(누가 아니래, 내 말이.)라는 문장으로 상대의 말에 적극적으로 동의할 수 있습니다.

I'm trying to spend less on clothing.

옷 사는 데 돈을 좀 덜 쓰려고 노력 중입니다.

김재우의 영어관찰일기

little의 비교급 표현인 less는 ❶ 한정사(less + 명사) ❷ 부사(less+형용사 또는 동사 + less)의 두 가지 용법으로 쓰입니다. 예를 들어, eat less meat(육류 섭취를 줄이다)에서는 less가 명사 meat을 수식하는 한정사로 쓰인 ❶에 해당하고, a less expensive car(좀 더 저렴한 차)와 eat less(덜 먹다)는 less가 각각 형용사 expensive와 동사 eat을 수식하는 부사로 쓰인 ❷에 해당합니다.

MODEL EXAMPLES

1 I'm trying to eat less salt.

소금을 덜 먹으려고 노력 중입니다.

2 The grocery store has less meat nowadays.

그 식료품 가게에 요즘 육류가 줄었어.

3 You need to be less competitive*.

(게임 등의 경쟁을 하는 상황) 너무 이기려고만 하면 안 돼.

4 I'm trying to drive less and walk more these days.

요즘은 운전을 줄이고 더 많이 걸으려고 하고 있어요.

SMALL TALK ❶ 의사와 환자의 대화

How can I get over* my stomach issues?

어떻게 해야 제 속이 불편한 게 나아질 수 있을까요?

Most importantly, you need to **drink less.**

가장 중요한 건, 술을 줄이는 겁니다.

SMALL TALK ❷ 취미 활동에 관한 연인 사이의 대화

Do you want to try rock climbing?

암벽등반 해 볼 생각 있어?

Um, can we do something a little **less dangerous**?

음, 좀 덜 위험한 걸 하면 안 될까?

It's not dangerous if you have the right equipment!

제대로 된 장비만 있으면 안 위험해!

Still, it's a little too much for me.

그래도 나한텐 너무 부담스러워.

Good to Know

* competitive: 여기에서는 '지지 않으려고 하는, 경쟁심이 강한'을 뜻합니다.
* get over: (신체적, 정신적 고통을) 이겨 내다, 극복하다

When was the last time you slept really well?

마지막으로 푹 잔 게 언제였나요?

김재우의 영어관찰일기

'마지막으로 ~한 게 언제였어요?' 또는 '가장 최근에 ~한 게 언제였어요?'라고 물을 때는 「When was the last time + 주어 + 동사?」 문형을 씁니다. '마지막으로 옷 쇼핑한 게 언제였어?'는 When was the last time you went clothes shopping?이라고 할 수 있습니다. 참고로 '옷을 쇼핑하러 가다'는 go clothes shopping, '장을 보러 가다'는 go grocery shopping이라고 합니다.

MODEL EXAMPLES

1 When was the last time you visited your grandma?
마지막으로 할머니 찾아뵌 게 언제였어요?

2 When was the last time you hung out with Jacob?
마지막으로 제이콥이랑 만난 게 언제였니?

3 When was the last time you went on a date?
마지막으로 연애한 게 언제였나요?

4 When was the last time you went out for drinks*?
마지막으로 술 마시러 나간 게 언제였어?

SMALL TALK ① 영화 관람에 관한 친구 사이의 대화

Hey, Hailey, when was the last time you went to the cinema?

안녕, 헤일리, 마지막으로 극장에 간 게 언제였어?

I'm not sure. Maybe Christmas Day, two years ago.

글쎄. 아마 2년 전 크리스마스였을 거야.

SMALL TALK ② 고민이 있는 친구와의 대화

I'm feeling lost these days.

요즘 좀 혼란스러워.

Really? When was the last time you went to a fortune teller?

정말? 마지막으로 점을 본 게 언제였어?

I've never been to a fortune teller.

점 보러는 한 번도 안 가 봤어.

I think that would help give you some direction.

점을 보면 방향을 잡는 데 도움이 좀 될 텐데.

Good to Know

* go out for drinks: '술 한잔하러 가다'라고 할 때 자주 쓰이는 관용 표현입니다.

REVIEW TEST DAY 81~90

81 My mom won't my hair.

저희 엄마는 제가 염색을 못하게 해요.

82 I coming on.

감기 기운이 있는 것 같아요.

83 they are getting married.

그들이 결혼한다니 믿을 수가 없어요.

84 you will love it.

틀림없이 당신 마음에 들 거예요.

85 this is the right way.

이 길로 가는 게 맞는지 잘 모르겠어요.

86 I need to my professor changing my major.

전공 바꾸는 것에 대해 교수님과 얘기를 좀 해야 해요.

87 This bar is good conversation.

이 술집은 제대로 된 대화를 하기에는 너무 시끄러워요.

88 Are you sure you're going to be ?

그렇게 입고 안 춥겠어요?

89 I'm trying to on clothing.

옷 사는 데 돈을 좀 덜 쓰려고 노력 중입니다.

90 When was you slept really well?

마지막으로 푹 잔 게 언제였나요?

정답 | **81** let me dye **82** feel a cold **83** I can't believe **84** I'm sure **85** I'm not sure if **86** talk to / about **87** too loud for **88** warm enough **89** spend less **90** the last time

DAY 91~100

DAY 91 **I think we're on a one-way street.**
아무래도 일방통행로로 들어온 것 같아요.

DAY 92 **Do you think you can get off work early today?**
오늘은 좀 일찍 퇴근할 수 있을 것 같아요?

DAY 93 **What makes you think I want to get married?**
무슨 근거로 내가 결혼을 원한다고 생각하시는데요?

DAY 94 **That explains why Japanese people live so long.**
그래서 일본 사람들이 장수하는 거군요.

DAY 95 **You can crash on my couch, if you want.**
우리 집에 머물러도 돼요. 당신이 원한다면요.

DAY 96 **If you ever need a babysitter, feel free to let me know.**
혹시 베이비시터 필요하면 부담 없이 알려 줘요.

DAY 97 **Do you want me to grab you anything?**
뭐 좀 사다 줄까요?

DAY 98 **I haven't been to the gym in a while.**
헬스장 안 간 지도 제법 오래되었어요.

DAY 99 **If I won the lottery, I'd buy a house in Hawaii.**
복권에 당첨되면 하와이에 집을 살 텐데.

DAY 100 **I really wish I could be there.**
저도 정말 가고 싶어요.

I think we're on a one-way street.

아무래도 일방통행로로 들어온 것 같아요.

김재우의 영어관찰일기

100% 확실하지는 않지만 '아무래도 ~인 것 같다'라고 할 때는 「I think+주어+동사」 구문을 씁니다. '확실치는 않지만 아무래도 팔목을 삔 것 같다.'라는 말은 I think I sprained my wrist.라고 하면 됩니다. I think를 붙이면 단정적이거나 딱딱하지 않고 부드러운 어감을 줍니다. '아무래도 면접을 망친 것 같아.'라는 말 역시 I think I messed up in the interview.라고 하면 됩니다.

MODEL EXAMPLES

1 **I think I forgot to turn off the air conditioner.**
아무래도 에어컨 끄는 걸 깜박한 것 같아.

2 **I think I got on the wrong train.**
제가 아무래도 지하철을 잘못 탄 것 같아요.

3 **I think I hurt his feelings. He won't text me back.**
아무래도 그 사람 기분을 상하게 한 듯. 문자에 답장을 안 해.

4 **I think I left my keys in the restaurant.**
아무래도 식당에 열쇠를 두고 온 것 같아.

SMALL TALK ❶ 친구 동생의 기분을 염려하는 대화

I think I offended* your brother.

아무래도 내가 네 동생 기분을 상하게 한 것 같아.

Don't worry about him. He seemed fine when I saw him last night.

걱정 마. 어젯밤에 봤을 때 괜찮아 보였으니까.

SMALL TALK ❷ 시험에 관한 친구 사이의 대화

How was the exam?

시험은 어땠어?

Not bad, but I think I messed up* on the last part.

나쁘진 않았는데 마지막 부분에서 좀 망친 것 같아.

Why? What happened?

왜? 어떻게 됐는데?

I think I did some calculations wrong.

계산을 좀 잘 못한 것 같거든.

Good to Know

* offend: '상대의 기분을 상하게 하다'라는 뜻의 동사로, 형용사형은 offensive(기분을 상하게 하는)입니다.
* mess up: 실수를 하다, 일을 그르치다

Do you think you can get off work* early today?

오늘은 좀 일찍 퇴근할 수 있을 것 같아요?

김재우의 영어관찰일기

「Do you think + 사람 + can/could + 동사?」 문형을 써서 상대방에게 완곡하게 물어볼 수 있습니다. Can you finish the report by tomorrow?는 '내일까지 보고서 마무리할 수 있겠나?'라는 뜻으로 다소 직접적이어서 상대가 부담을 느낄 수 있는 반면, Do you think you can finish the report by tomorrow?라고 하면 '혹시 내일까지 보고서 마무리가 가능할까?' 정도의 완곡한 어감입니다.

MODEL EXAMPLES

1 Do you think you can join us for dinner tonight?
오늘 밤 함께 저녁 식사할 수 있겠어?

2 Do you think you can pitch tomorrow?
(야구 코치가 투수에게) 내일 던질 수 있을 것 같나?

3 Do you think you could lend me ten dollars?
나한테 10달러 좀 빌려줄 수 있을까?

4 Do you think you could pick me up from the airport?
혹시 공항에 마중 나와 줄 수 있을까?

SMALL TALK 1 취업에 관한 친구 사이의 대화

My brother works for Google.

우리 형이 구글에서 근무해.

Really? Do you think he could get me a job?

정말? 혹시 나 일자리 하나 마련해 주실 수 있을까?

SMALL TALK 2 전화 통화 중인 남편과 아내의 대화

Do you think you could pick up some groceries on your way home?

집에 오는 길에 장 좀 봐 줄 수 있을까?

Sure. Can you text me a list?

물론이지. 문자로 리스트 보내 줄래?

Will do. Could you also stop by the pharmacy?

그럴게. 약국에도 좀 들러 줄 수 있어?

Sure, and if I do all that, do you think we can order pizza tonight?

당연하지. 근데 시키는 대로 다 하면 오늘 밤엔 피자 시켜 먹어도 되는 거야?

Good to Know

* get off work: '퇴근하다'라고 할 때 가장 자주 쓰이는 표현입니다. get off 대신 finish를 쓸 수도 있습니다.

What makes you think I want to get married?

무슨 근거로 내가 결혼을 원한다고 생각하시는데요?

김재우의 영어관찰일기

상대방의 추측에 대해 '왜[무슨 근거로] 그렇게 생각하나요?'라고 물어볼 때는 What makes you think that? 또는 「What makes you think+주어+동사?」로 표현합니다. 대개의 경우 상대의 생각이 사실과 다르거나 상대의 생각에 동의하지 않을 때 이 표현을 쓴다는 점도 기억합시다.

MODEL EXAMPLES

1 What makes you think I can't cook?
왜 내가 요리를 못한다고 생각하는 건데?

2 What makes you think I don't drink?
왜 내가 술을 못 마실 거라고 생각하는 건데?

3 What makes you think I'm not good at sports?
왜 내가 스포츠를 잘 못할 거라고 생각하는 거니?

4 What makes you think I like *Star Wars*?
왜 내가 〈스타워즈〉를 좋아할 거라고 생각하는 거니?

SMALL TALK 1 자신에게 소개팅을 시켜 주려는 친구와의 대화

I'm positive you two are going to hit it off*.

너희 둘 틀림없이 잘 맞을 거야.

What makes you think that?

왜 그렇게 생각하는 건데?

SMALL TALK 2 늘 같은 옷만 입는 친구와의 대화

You don't seem to care about what you wear.

너는 옷에 신경을 안 쓰는 것 같아.

What makes you think that?

왜 그렇게 생각하는 건데?

I see you wearing the same t-shirt all the time.

볼 때마다 같은 티셔츠를 입고 있어서.

I wash it every other day*, at least.

그래도 이틀에 한 번은 빨아 입거든.

Good to Know

* hit it off: '(~끼리) 죽이 척척 맞다'라는 의미입니다.
* every other day: '이틀에 한 번씩'을 의미합니다. '2주에 한 번씩'은 every other week로 표현합니다.

That explains why Japanese people live so long.

그래서 일본 사람들이 장수하는 거군요.

김재우의 영어관찰일기

상대방의 말에 '아, 그래서 그렇구나.'라고 할 때는 That explains it.이나 That explains why. 혹은 「That explains why + 주어 + 동사」와 같이 표현할 수 있습니다. 컴퓨터가 켜지지 않는 상황에서 상대방이 Turns out it wasn't plugged in.(알고 보니 선이 빠졌더라고.)이라고 할 경우 That explains why.(그래서 그랬구나.)라고 맞장구치는 식이지요. 유용한 표현이므로 잘 익혀 두세요.

MODEL EXAMPLES

1 A: Sarah has a fever.
사라가 열이 있어.

B: Oh, that explains why she looks so tired.
아, 그래서 피곤해 보이는구나.

2 A: Minjun didn't get the job offer.
민준이가 일자리 제의를 못 받았어.

B: That explains why he seemed so down* today.
그래서 오늘 의기소침해 보였구나.

SMALL TALK ① 정비소 직원과 고객 사이의 대화

There was a loose bolt in your engine causing the noise.

엔진에 있는 볼트가 느슨해져서 소음이 나는 겁니다.

Oh, that explains it. I'm glad you found it.

아, 그래서 그렇군요. 원인을 찾아서 다행입니다.

SMALL TALK ② 수박 값에 대한 친구 사이의 대화

I don't understand why watermelons are so expensive this year.

올해 수박이 왜 이렇게 비싼지 모르겠네.

It must be because of all the rain this summer.

올여름 비가 많이 와서 그래.

Oh, that explains why.

아, 그래서 그렇구나.

I don't really like watermelons, anyway*.

어차피 나는 수박을 그다지 좋아하지 않아.

Good to Know

* down: '우울한, 슬픈, 낙담한'을 의미하는 표현입니다.
* anyway: 주로 문장 마지막에 쓰여 '어차피, 그것과 상관없이'라는 의미입니다.

You can crash* on my couch, if you want.

우리 집에 머물러도 돼요. 당신이 원한다면요.

김재우의 영어관찰일기

원어민들의 일상 영어에서 상대에게 어떠한 제안을 하거나 무언가를 허락할 때 문장 마지막에 if you want를 붙여서 표현하는 것을 볼 수 있습니다. 굳이 우리말로 번역을 하자면 '네가 원하면'인 셈입니다. 특히 제안할 때 이 표현을 쓰면 상대에게 선택권을 주는 어감이 듭니다.

MODEL EXAMPLES

1 You can go to sleep, **if you want**. We'll be there in an hour.
(고속도로를 달리는 차 안에서) 자고 싶으면 자도 돼. 한 시간 더 가야 되니까.

2 I can help you with your move, **if you want**.
네가 원한다면 너 이사하는 거 도와줄 수 있는데.

3 I can set you up with my cousin, **if you want**.
내 사촌이랑 자리 마련해 줄 수 있어. 네가 원하면 말이야.

4 You can have some of my grapes, **if you want**.
원하면 내 포도 좀 먹어도 돼.

SMALL TALK ① 서울에 올 예정인 친구와의 대화

I'll be in Seoul next month on business.

나 다음 달에 출장 때문에 서울에 가.

Cool, we can meet up* for dinner, if you want.

좋네, 만나서 저녁이나 먹을까. 네가 원하면 말이야.

SMALL TALK ② 앱 이용에 어려움을 겪는 엄마와의 대화

Are you having trouble with something?

뭐가 잘 안되는 거예요?

Yeah, a little. I'm trying to make a reservation through this app.

응, 조금. 이 앱으로 예약을 시도하고 있어.

I can help you out, if you want.

원하시면 제가 도와 드릴게요.

Thank you. I really appreciate it.

고마워. 정말 고맙다.

Good to Know

* crash: 여기서는 '보통 잠을 자는 곳이 아닌 곳에서 잠을 자다'라는 뜻의 구어 표현으로 쓰였습니다.
* meet up: meet의 비격식체 표현으로 '만나다'라는 의미는 동일합니다.

If you ever need a babysitter, feel free to let me know.

혹시 베이비시터 필요하면 부담 없이 알려 줘요.

김재우의 영어관찰일기

우리말의 '혹시 ~하면'에 해당하는 영어 표현은 If you are ever ~ 또는 「If you ever + 일반동사」입니다. 비교적 단순한 구문이고 이해하기 쉬워서 활용도가 매우 높은 표현입니다. 이때 ever는 '혹시, 혹시라도'의 어감을 전달합니다.

MODEL EXAMPLES

1 **If you're ever looking** for a new place, my real estate agent is really good.
혹시 이사 갈 곳을 알아보고 있다면, 제가 거래하는 부동산 중개인이 정말 괜찮습니다.

2 **If you're ever looking** for a new car, I know some good dealers.
혹시 새 차 알아보고 있으면 제가 좋은 딜러를 몇 명 알고 있어요.

3 **If she ever needs** a place to stay, you can tell her I have an extra room.
그녀가 혹시 머물 곳이 필요하면 나에게 남는 방이 있다고 전해 줘.

SMALL TALK 1 최근에 경기도 포천에 다녀온 지인과의 대화

If you're ever in the Pocheon area, stop by my friend's café.

혹시 포천 쪽 갈 일 있으면 제 친구가 하는 카페에 한번 들러 보세요.

Sure. We'd love to travel up there*.

그러죠. 포천에 진짜 한번 가 보고 싶어요.

SMALL TALK 2 학원에 근무하는 동료 강사들 사이의 대화

You live in Bundang, too?

선생님도 분당 사시죠?

Yeah. The subway is exhausting during rush hour.

네. 러시아워 때 지하철 타는 거 너무 힘들어요.

Well, if you ever need a ride to work, we could carpool.

음, 출퇴근할 때 차 필요하시면 우리 카풀할 수 있어요.

That would be amazing. Thank you.

그럼 너무 좋죠. 고마워요.

Good to Know

* up there: 화자가 거주하는 지역이 지리적으로 포천보다 아래쪽에 있기 때문에 '위'를 가리키는 up을 쓰고 포천은 there라는 부사로 나타냈습니다.

Do you want me to grab you anything?

뭐 좀 사다 줄까요?

김재우의 영어관찰일기

'내가 ~해 줄까?' 또는 '내가 ~할까?'라고 상대방에게 제안을 하거나 상대의 허락을 구할 때는 「Do you want me+to부정사?」 구문이 제격입니다. 친구와 폭포를 구경하다가 친구에게 사진을 찍어 주겠다고 제안하는 상황에서는 Do you want me to take a photo of you next to it?(네가 그 옆에 서 있으면 내가 사진 찍어 줄까?)이라고 할 수 있습니다.

MODEL EXAMPLES

1 I just made dinner. Do you want me to wait for you?
나 방금 저녁 만들었어. 당신 올 때까지 기다릴까?

2 Do you want me to cancel my plans tonight?
(남편이 아내에게 보내는 문자) 나 오늘 밤 약속 취소할까?

3 Do you want me to help you with that?
(짐을 옮기는 상황에서) 내가 좀 도와줄까?

4 Do you want me to get started on that presentation?
(발표를 앞둔 상황에서 팀장에게 하는 말) 발표 시작할까요?

SMALL TALK ① 은행 용무가 있는 외국인 친구와의 대화

I need to go to the bank at lunch today.

오늘 점심에 은행에 가야 해.

Oh, do you want me to come with you to help interpret*?

아, 내가 같이 가서 통역해 줄까?(통역 도와줄까?)

SMALL TALK ② 택배에 관한 룸메이트 사이의 대화

I need to send this package tomorrow, but I don't have time.

내일 이 택배 보내야 하는데 시간이 없어.

Do you want me to do it?

내가 보내 줄까?

That would be so nice.

그럼 너무 고맙지.

Happy to help. I'll do it on my way to the gym.

기꺼이. 헬스장 가는 길에 보낼게.

Good to Know

* interpret: '통역하다'라는 의미로 translate가 통역과 번역 모두를 포함한 좀 더 광범위한 의미인 반면 interpret은 말로 하는 통역을 가리킵니다.

I haven't been to the gym in a while.

헬스장 안 간 지도 제법 오래되었어요.

김재우의 영어관찰일기

특정 기간 동안 '~을 하지 않았다'라고 할 때는 「haven't/hasn't + 과거분사(p.p.) + in[for]」 구문을 이용해 표현하면 됩니다. 예를 들어 '볼링을 안 친 지 몇 년 됐다'라는 말은 I haven't gone bowling in years.로 표현합니다. 전치사 in과 for 둘 다 사용 가능하며, 둘 사이에 특별한 의미 차이가 있다기보다는 단순히 원어민들의 선호도 차이가 있을 뿐이라는 점도 참고하세요.

MODEL EXAMPLES

1 I haven't seen him in a while.

그 친구 안 본 지 한참 됐어.

2 I haven't taken public transportation in months.

대중교통 안 탄 지 몇 달은 되었네.

3 He hasn't dated anyone in three years.

그 사람은 3년 동안 연애를 안 했어요.

4 I haven't played video games in 10 years, at least.

비디오 게임 안 한 지가 최소 10년은 되었어요.

SMALL TALK ① 친구의 근황에 대한 대화

Have you seen Sally lately?

최근에 샐리 봤어?

No, I haven't seen her in a while.

아니, 한동안 못 봤어.

SMALL TALK ② 의류 쇼핑에 관한 부부 사이의 대화

Can we go shopping* this weekend?

이번 주말에 쇼핑 갈까?

Sounds good. I need some summer clothes.

좋아. 여름 옷이 좀 필요해.

Yeah, we haven't been to the department store for months.

응, 백화점 안 간 지도 몇 달 됐네.

Oh, right. Since early spring. How about we go before dinner with my mom?

어, 맞아. 이른 봄 이후로는 안 갔지. 저녁 먹기 전에 엄마랑 같이 가는 건 어때?

Good to Know

* go shopping: '쇼핑을 하러 가다'라는 뜻이며 '옷을 사러 가다'라는 말은 go clothes shopping으로 표현할 수 있습니다.

If I won the lottery, I'd buy a house in Hawaii.

복권에 당첨되면 하와이에 집을 살 텐데.

김재우의 영어관찰일기

가정법 과거 구문은 현재 사실의 반대를 가정하거나 희박한 가능성을 표현할 때 쓰며, 「If + 주어 + 과거 동사, 주어 + 조동사의 과거형 + 동사원형」의 형태를 취합니다. If I had more time, I would study another language.(시간이 좀 더 있으면 다른 언어를 공부할 텐데.)라는 말은 사실은 시간이 없어서 다른 언어를 공부하지 못한다는 말로, 현재 사실과 반대되는 상황을 가정하고 있습니다.

MODEL EXAMPLES

1 If I had a spare room, I'd put you up*.
우리 집에 남는 방이 있으면 너를 재워 줄 텐데.

2 If I had more time, I could help you out*.
내가 시간이 좀 더 있으면 널 도와줄 수 있을 텐데.

3 If I were single, I would ask her out.
내가 미혼이면 그녀에게 데이트를 신청할 텐데.

4 If it was cheaper, I would buy it in a heartbeat*.
좀 더 저렴하면 주저 없이 구매할 텐데.

SMALL TALK ① 스위스인과 한국인 친구와의 대화

Everything in my hometown closes at 8 p.m.

내 고향(스위스)에서는 저녁 8시에는 전부 문을 닫아.

If I couldn't go anywhere after 8 p.m., I'd go crazy.

나는 저녁 8시 이후에 아무 데도 못 가면 미칠 거야.

SMALL TALK ② 동창 모임에서의 대화

Let's go to a bar in Gangnam next.

2차는 강남에 있는 바에 가자.

Actually, I need to go home now.

사실 나는 지금 집에 가야 해.

This early? It's only 9 p.m.

이렇게 일찍? 9시밖에 안 됐는데.

I would stay out longer if I didn't work tomorrow.

내일 출근 안 하면 좀 더 있을 텐데.

Good to Know

* put + 사람 + up: ~를 재워 주다, ~에게 거처를 제공하다
* help + 사람 + out: '어려운 상황에 처한 사람을 도와주다'라는 의미로, 단순한 「help + 사람」과는 어감 차이가 있습니다.
* in a heartbeat: 주저 없이, 생각해 볼 것도 없이

I really wish I could be there.

저도 정말 가고 싶어요.

김재우의 영어관찰일기

「I wish + 주어 + could + 동사원형」 구문은 ❶현재 사실과 반대되는 상황을 설명할 때 ❷현실 불가능한 소망 및 아쉬움을 나타낼 때 쓰입니다. I wish I could join you for dinner.라고 하면 '저녁 식사를 함께 하고 싶지만 그럴 수 없어서 아쉽다.'라는 말이며, I wish I could take it back.은 '방금 한 말을 취소할 수 있었으면 좋겠지만 이미 내뱉은 말이라 주워 담기가 힘들다.'라는 말이 됩니다.

MODEL EXAMPLES

1 I wish I could move to Europe.
유럽에 가서 살 수 있으면 좋으련만.

2 I wish I could eat seafood. It's healthier than red meat.
해산물을 먹을 수 있으면 좋으련만. 육류보다 건강에도 좋잖아.

3 I wish I could dance like you.
나도 너처럼 춤을 잘 출 수 있으면 좋으련만.

4 He told me that he wished he could be here.
그가 자기도 함께 할 수 있었으면 좋았겠다고 하더라고.

SMALL TALK ❶ 함께 여행 중인 직장 동료 사이의 대화

This trip* is such a drag*. Why did we even come?

이번 여행은 너무 지겨워. 애당초 왜 왔을까?

Seriously? I wish we could stay longer.

진심이야? 난 좀 더 있다가 가고 싶은데.

SMALL TALK ❷ 설 연휴 기간에 근무해야 하는 딸과 엄마의 대화

Hey, Mom, I have some bad news.

있잖아요, 엄마, 안 좋은 소식이 있어요.

Oh, no. What is it, Honey?

이런, 뭔데 그러니?

I wish I could visit over the holiday, but I'm going to be stuck at work.

연휴 때 엄마 뵈러 가고 싶은데 일을 해야 해서 갈 수 없어요.

Isn't there someone else who could fill in for you?

너 대신 일해 줄 사람은 없는 거니?

Good to Know

* trip: trip은 어디에 다녀오는 '구체적인 행위로서의 여행'을 의미합니다. 반면 travel은 '개념적인 여행'을 의미합니다. '여행은 나랑 안 맞아.'라고 하려면 Travel isn't really my thing.으로 표현하는 것이 자연스럽습니다.
* drag: 명사로 쓰이면 '지겨운 것, 지겨운 사람'이라는 의미입니다.

REVIEW TEST DAY 91~100

91 ______ we're on a one-way street.
아무래도 일방통행로로 들어온 것 같아요

92 ______ you can get off work early today?
오늘은 좀 일찍 퇴근할 수 있을 것 같아요?

93 ______ I want to get married?
무슨 근거로 내가 결혼을 원한다고 생각하시는데요?

94 ______ Japanese people live so long.
그래서 일본 사람들이 장수하는 거군요.

95 You can crash on my couch, ______.
우리 집에 머물러도 돼요. 당신이 원한다면요.

96 ______ need a babysitter, feel free to let me know.
혹시 베이비시터 필요하면 부담 없이 알려 줘요.

97 ______ grab you anything?
뭐 좀 사다 줄까요?

98 I ______ to the gym in a while.
헬스장 안 간 지도 제법 오래되었어요.

99 ______ the lottery, ______ a house in Hawaii.
복권에 당첨되면 하와이에 집을 살 텐데.

100 ______ I could be there.
저도 정말 가고 싶어요.

정답 | **91** I think **92** Do you think **93** What makes you think **94** That explains why **95** if you want **96** If you ever **97** Do you want me to **98** haven't been **99** If I won / I'd buy **100** I really wish

대표 표현 REVIEW

한글 가리고 해석하기

- [ ] I didn't mean it.
- [ ] That'd be great. Thanks.
- [ ] My bad. I messaged the wrong person.
- [ ] Never mind, I found them.
- [ ] Can I get a cup of mint tea, please?
- [ ] I'll call you back in 5 minutes.
- [ ] You look sharp in that suit.
- [ ] What did you have for lunch today?
- [ ] Why don't you stay for dinner?
- [ ] I usually don't eat before the gym.
- [ ] Who's paying for all this?
- [ ] I went to Mexico over spring break.
- [ ] They both look good on you.
- [ ] I don't really like seafood.
– Me neither.
- [ ] What's your MBTI again?
- [ ] Not really. I'm just browsing.
- [ ] I travel a lot for business.
- [ ] Did you start school yet?
- [ ] It wasn't that cheap.
- [ ] I have a quick question.

영문 가리고 말해보기

- [ ] 그런 의도로 한 말은 아니었어요.
- [ ] 그럼 너무 좋죠. 감사해요.
- [ ] 죄송해요. 제가 문자를 잘못 보냈네요.
- [ ] 신경 쓰지 말아요, 찾았어요.
- [ ] 민트 차 한 잔 주시겠어요?
- [ ] 제가 5분 있다가 다시 전화할게요.
- [ ] 그 정장 입으니 멋져 보이네요.
- [ ] 오늘 점심으로 뭐 먹었어요?
- [ ] 저녁 식사하고 가는 건 어때요?
- [ ] 저는 헬스장 가기 전에는 아무것도 안 먹어요.
- [ ] 이 음식 값은 다 누가 내는 거예요?
- [ ] 봄 방학 때 멕시코에 다녀왔어요.
- [ ] 그 두 개 다 당신한테 잘 어울려요.
- [ ] 전 해산물 별로 안 좋아해요.
– 저도 그래요.
- [ ] MBTI가 뭐라고 하셨죠?
- [ ] 아니에요. 그냥 둘러보고 있어요.
- [ ] 저는 일 때문에 여행을 많이 다녀요.
- [ ] 학교는 시작한 거죠?
- [ ] 그렇게 싸지도 않더라고요.
- [ ] 간단한 질문 하나 할게요.

한글 가리고 해석하기

- [ ] My husband is always busy working.
- [ ] I'm three months pregnant now.
- [ ] Good food puts me in a good mood.
- [ ] It was a lot of fun last night.
- [ ] You're wearing a tie. What's the occasion?
- [ ] My husband has a short temper.
- [ ] I had a rough week.
- [ ] I don't go to that café. They don't have Wi-Fi.
- [ ] I asked for a window seat.
- [ ] I studied math in undergrad.
- [ ] How did your blind date go?
- [ ] This watch goes well with every outfit.
- [ ] Yesterday we went bowling and had such a blast.
- [ ] We can't afford private school.
- [ ] My app says it's 8 degrees out.
- [ ] Mexican-Indian food? Sounds amazing!
- [ ] Care to join us for a run?
- [ ] I take the subway to work.
- [ ] I need to go now if I want to catch my train.
- [ ] These days, I'm taking a yoga class.

영문 가리고 말해보기

- [ ] 제 남편은 늘 일하느라 바빠요.
- [ ] 임신 3개월째예요.
- [ ] 좋은 음식을 먹으면 기분이 좋아져요.
- [ ] 어젯밤에 정말 즐거웠어요.
- [ ] 넥타이를 했네요. 무슨 일 있어요?
- [ ] 제 남편은 다혈질이에요.
- [ ] 이번 한 주는 정신이 없었어요.
- [ ] 저는 그 카페는 안 가요. 와이파이가 안 되거든요.
- [ ] 창가 자리를 달라고 했습니다.
- [ ] 학부 때 수학을 전공했습니다.
- [ ] 소개팅은 어땠어요?
- [ ] 이 시계는 어떤 복장과도 잘 맞습니다.
- [ ] 어제 볼링 치러 갔는데 너무 즐거웠어요.
- [ ] (아이를) 사립 학교에 보낼 형편이 안 됩니다.
- [ ] 앱에는 바깥이 8도라고 되어 있어요.
- [ ] 멕시코 인도 퓨전 음식이라고요? 너무 좋은데요!
- [ ] 우리랑 같이 조깅하러 갈래요?
- [ ] 저는 지하철로 출근합니다.
- [ ] 기차 안 놓치려면 지금 가야 해요.
- [ ] 요즘 요가 수업을 듣고 있어요.

한글 가리고 해석하기

- [ ] How long does it take for you to commute to work?
- [ ] I spend four hours commuting to work.
- [ ] What brings you to Korea?
- [ ] Where are you headed, sir?
- [ ] Try this stretch if you have back pain.
- [ ] How much does it cost to raise a child?
- [ ] I can't stand rush hour traffic.
- [ ] I quit Instagram a long time ago.
- [ ] Do you want me to come over to your place?
- [ ] They said they are fully booked for tonight.
- [ ] I can finish this whole pizza by myself.
- [ ] I am considering starting my own business.
- [ ] I'm expecting an important phone call any minute.
- [ ] We are having a workshop in January.
- [ ] I lost my phone while I was partying last night.
- [ ] I'll call you when I'm done.
- [ ] Do you want to get together while I'm on my business trip?
- [ ] Feel free to leave if you need to go early.
- [ ] I was happy to help.
- [ ] I have no idea what to wear tomorrow.

영문 가리고 말해보기

- [ ] 출퇴근하는 데 얼마나 걸려요?
- [ ] 저는 출퇴근하는 데 4시간을 보냅니다.
- [ ] 한국에는 어떤 일로 오셨어요?
- [ ] 손님, 어디로 가시나요?
- [ ] 허리가 아프면 이 스트레칭을 한번 해 보세요.
- [ ] 아이 한 명 키우는 데 얼마나 드나요?
- [ ] 출퇴근 시간대의 교통 혼잡은 못 참겠어요.
- [ ] 한참 전에 인스타그램 끊었어요.
- [ ] 제가 당신 집으로 갈까요?
- [ ] 오늘 밤은 예약이 다 찼대요.
- [ ] 나는 혼자서 이 피자 한 판을 다 먹을 수 있어요.
- [ ] 제 사업을 시작할까 고민 중입니다.
- [ ] 곧 중요한 전화가 오기로 되어 있어요.
- [ ] 저희가 1월에 워크숍을 합니다.
- [ ] 어젯밤 파티 중에 전화기를 잃어버렸어요.
- [ ] 회의 마치면 전화할게요.
- [ ] 제가 출장 가 있는 동안 얼굴 한번 볼까요?
- [ ] 일찍 가야 되면 부담 갖지 말고 그렇게 해요.
- [ ] 제가 도움이 되어서 좋았습니다.
- [ ] 내일 뭘 입어야 할지 모르겠어요.

한글 가리고 해석하기

- ☐ We went to celebrate my uncle's birthday in Suwon.
- ☐ I just wanted to know how you're doing.
- ☐ I woke up late, so I had to take a taxi to work.
- ☐ I'm about to leave. See you soon.
- ☐ So you won't be able to hang out until then?
- ☐ Why don't we just stop at the rest stop for 10 minutes?
- ☐ How do you like working on your own?
- ☐ You went on a blind date? What was he like?
- ☐ I don't really feel like eating out tonight.
- ☐ I'm so glad you're finally taking a vacay.
- ☐ I'll come by your place to pick you up at 8, if that's OK with you.
- ☐ Do you mind if we meet in my area this time?
- ☐ My car keeps making a weird sound.
- ☐ I just ended up watching Netflix all day.
- ☐ I still have trouble driving on the left.
- ☐ I had a different car in mind, actually.
- ☐ I'm not used to waking up so early.
- ☐ I got you an Americano.
- ☐ I owe you big time.
- ☐ Let me go see if we have your size.

영문 가리고 말해보기

- ☐ 삼촌 생신 축하하러 수원에 다녀왔습니다.
- ☐ 그냥 어떻게 지내는지 궁금해서 연락했어요.
- ☐ 늦잠 자서 어쩔 수 없이 택시 타고 출근했어요.
- ☐ 지금 막 나가려던 참이에요. 이따 봐요.
- ☐ 그래서 그때까지는 (나와) 시간을 보내지 못한다는 말이에요?
- ☐ 그럼 그냥 휴게소에서 10분 쉬어 갈까요?
- ☐ 혼자 일하는 거 어때요?
- ☐ 소개팅했다면서요? 그 남자 어땠어요?
- ☐ 오늘 밤에는 외식이 썩 내키지 않아요.
- ☐ 드디어 휴가를 간다니 정말 다행이에요.
- ☐ 괜찮으면 8시에 집으로 데리러 갈게요.
- ☐ 이번에는 우리 동네에서 만나는 거 괜찮아요?
- ☐ 제 차에서 계속 이상한 소리가 나요.
- ☐ 하루 종일 넷플릭스만 보고 말았어요.
- ☐ 왼쪽 차로로 운전하는 건 여전히 어렵네요.
- ☐ 사실 다른 차를 생각하고 있었어요.
- ☐ 그렇게 일찍 일어나는 게 익숙하지 않아요.
- ☐ 당신 주려고 아메리카노 한 잔 사 왔어요.
- ☐ 제가 큰 신세를 졌네요.
- ☐ 고객님 사이즈가 있는지 한번 확인해 볼게요.

한글 가리고 해석하기

- [ ] My mom won't let me dye my hair.
- [ ] I feel a cold coming on.
- [ ] I can't believe they are getting married.
- [ ] I'm sure you will love it.
- [ ] I'm not sure if this is the right way.
- [ ] I need to talk to my professor about changing my major.
- [ ] This bar is too loud for good conversation.
- [ ] Are you sure you're going to be warm enough?
- [ ] I'm trying to spend less on clothing.
- [ ] When was the last time you slept really well?
- [ ] I think we're on a one-way street.
- [ ] Do you think you can get off work early today?
- [ ] What makes you think I want to get married?
- [ ] That explains why Japanese people live so long.
- [ ] You can crash on my couch, if you want.
- [ ] If you ever need a babysitter, feel free to let me know.
- [ ] Do you want me to grab you anything?
- [ ] I haven't been to the gym in a while.
- [ ] If I won the lottery, I'd buy a house in Hawaii.
- [ ] I really wish I could be there.

영문 가리고 말해보기

- [ ] 저희 엄마는 제가 염색을 못하게 해요.
- [ ] 감기 기운이 있는 것 같아요.
- [ ] 그들이 결혼한다니 믿을 수가 없어요.
- [ ] 틀림없이 당신 마음에 들 거예요.
- [ ] 이 길로 가는 게 맞는지 잘 모르겠어요.
- [ ] 전공 바꾸는 것에 대해 교수님과 얘기를 좀 해야 해요.
- [ ] 이 술집은 제대로 된 대화를 하기에는 너무 시끄러워요.
- [ ] 그렇게 입고 안 춥겠어요?
- [ ] 옷 사는 데 돈을 좀 덜 쓰려고 노력 중입니다.
- [ ] 마지막으로 푹 잔 게 언제였나요?
- [ ] 아무래도 일방통행로로 들어온 것 같아요.
- [ ] 오늘은 좀 일찍 퇴근할 수 있을 것 같아요?
- [ ] 무슨 근거로 내가 결혼을 원한다고 생각하시는데요?
- [ ] 그래서 일본 사람들이 장수하는 거군요.
- [ ] 우리 집에 머물러도 돼요. 당신이 원한다면요.
- [ ] 혹시 베이비시터 필요하면 부담 없이 알려 줘요.
- [ ] 뭐 좀 사다 줄까요?
- [ ] 헬스장 안 간 지도 제법 오래되었어요.
- [ ] 복권에 당첨되면 하와이에 집을 살 텐데.
- [ ] 저도 정말 가고 싶어요.